The Book You Want Everyone You Love* To Read
*(and maybe a few you don't)

身近な人間関係が変わる

大切な人に 読んでほしい本

フィリッパ・ペリー
Philippa Perry
高山真由美 訳

日本経済新聞出版

The Book You Want Everyone You Love* To Read

*(and maybe a few you don't)

by Philippa Perry

First published as THE BOOK YOU WANT EVERYONE YOU LOVE* TO READ
*(AND MAYBE A FEW YOU DON'T)
in 2023 by Cornerstone Press, an imprint of Cornerstone.
Cornerstone is part of the Penguin Random House group of companies.
Japanese translation published by arrangement
with The Random House Group Limited
through The English Agency (Japan) Ltd.

勇気を出して
オブザーバー紙の
人生相談コーナーに
投書してくれた
すべての人々に本書を捧げる

目次

第2章

議論する

私生活や職場の人間関係に対処する 85

第3章

自分を変える

変化に対応する 153

第4章

人生に満足する

はじめに

私は長年、心理療法士として働いていますが、同業の仲間うちでなされる議論が、閉じた空間の中で完結する傾向にあることをつねづね残念に思ってきました。心理学の考え方は、どんな人にとっても非常に役に立つものだからです。そこで、私のもとに送られてくるさまざまな疑問や悩みから、人生について多くの人が知りたがっていることは何かを考え、それに答えてみようと思いました。本書の目的は、心理学的な発想や考え方を、より広い世の中に向けて提示することであり、そうした知恵を消化しやすいようにいくつかの固まりに分けてシェアすることで、多くの人の役に立つ本にしようと考えました。

この本は、私が心理療法士や人生相談コーナーのコラムニストとして働く中で、また、イベントや日々のやりとりの中で、長年にわたり人々から寄せられた質問と、その答えをまとめたものです。私はみなさんの質問が大好きです。質問を見れば、みなさんがどこに困難を感じているかがわかるからです。人はそれぞれに異なり、それぞれに独自の質問をしてきますが、悩みには一定のパターンや共通点があるので、それに対処するための知恵やテクニックもある程度一般化することができます。みなさんの質問には何かしら教わるところがありますが、私のほうもみなさんが「なるほど！」と思える瞬間を持てるようにお手伝いできたらと思います。

私たちはみな幼いころに、自分の環境に合った価値基準や適応能力を発達させます。そうやって人生の初期段階に身につけた独自のものの見方に沿って、人と接したり、決断を下したりするのですが、自分がそのように動いていることをたいていは意識すらしていません。成長し、新たな人と出会い、社会でさまざまな経験をするにつれ、人生の初期に身につけた価値基準や適応方法が以前のようには機能しなくなり、昔の思考や行動のパターンから抜けだせずに行き詰まってしまうこともあります。

本書のねらいは、あなたが幼いころに身につけた価値基準や適応方法を理解し、いまでも役に立っているものは何か、更新したほうがよいものは何かを自覚できるように、お手伝いすることです。ここでいう「自覚」とは、自分が地図上のどこにいるかを知ることです。スタート地点がわからなければ、行きたい場所に向かう道筋もわかりません。外の世界に対していかに反応するか、いかに怒るか、他者のありようをいかに受けとめるか、自分のことをいかに説明するかを学ぶことはとても大事です。自分の行動をあるがままに自覚しなければ、何を変えるべきかがわからないからです。

初めてセラピーを受けに来る人は、必ずといっていいほど自分以外の人々の話をしたがります。そこで私はこうお話しするのです――「私たちには他人を変えることはできません。ただし、自分自身をコントロールする力があります」。多くの人は自分がそういう力を持っていることを理解していませんが、私たちは自分の反応や行動を変えることができます。優先順位や価値基準、習慣的な対応を変えることができるのです。

もちろん、変化には時間がかかります。新しい習慣を身につけるにはある程度の期間を要します。しかし自らの人生に対して、自分で思うよりずっと大きな力を持っていることがわかれば、変わろうと試してみることができます。とくに、自分の心をどこに向けるかは誰が自分で決められます。たとえどんなに弱っていても、物事をどう考えるか、体をどう整えるか、他人とどう関わるかを決めることはできるのです。ちなみに、体を整えるというのは、体のどこを緊張させ、どこの力を抜くかを意識することです。たとえば、顎《あご》を意識してみてください。顎のまわりの筋肉はゆるんでいますか、緊張していますか。次は呼吸を意識してみてください。息を深く吸っていますか、それとも浅い呼吸をしているでしょうか。

私たちはよく、自分に向かって間違った問いを投げかけます。いつだって「なぜ？」と自問してしまうのです。人は物事に意味を求める生き物であり、ストーリーを必要とするからです。「なぜあの人は私と別れたがったのだろう」「なぜうちの子は行儀が悪いのか」「なぜ私はこんなに不幸なのだろう」。感情が昂《たかぶ》ると「なぜ《ホワイ》」という問いが必ず出てきます。私たちは物語や説明が大好きなのです。

しかし自分に向かって「なぜ」とたずねても、あまり役に立ちません。答えはたいてい「どのように《ハウ》」という問いの中にあるのです。私が知りたいのは、みなさんが「どのように」いまの心境に至ったかです。みなさんがどのように大切な人とのつながりを築き、どのように議論し、どのように変化し、どのように満足を見いだすかに関心があるのです。だからこの本も、４つの「どのように《ハウ》」を問う章でできています。私たちはこの４つをそれぞれ個別の問題と見なすことが多いのですが、実はすべてつながっているのです。

心理療法士という仕事を通して私が学んだのは、人はみな自分なりの方法で、自分なりに時間をかけて成長するということです。そして私たちには、ありのままの自分でいられる環境、どんな自分になれるかを試せる環境が必要です。誰かが（あるいは自分で）どんな人間になるべきかを言い聞かせてもあまりうまくいきません。私が相手に沿ったアプローチを目指すのもそのためです。

私の考えるよいアドバイスとは、相手が漠然とわかっていながらうまく言葉にできずにいた物事を、はっきり表現できるように手助けすることです。常に正しい人などどこにもいませんし、もちろん私自身も常に正しいわけではありません。もし、自分はどんなときも常に正しいと思っている人に出会ったら、警戒するべきです。なぜなら、「常に正しい人」は、周囲の人間を「常に間違っている人」に仕立てようとするからです。そういう人のそばにいるのは居心地のいいものではありません。

最初に1つアドバイスをするなら、自己啓発分野の第一人者であるスーザン・ジェファーズ博士の言葉を借りて、みなさんにこうお伝えしようと思います。「あなたはそのままでいいのです。いまのままで充分にパワフルで、愛すべき存在であり、日々学びと成長を続けています」。つまり、ありのままの自分を受けとめればいいのです。もし、物事が自分の思いどおりに進んでいて、それに気づいていないだけなら、どうやってその状況に至ったかを知ることが助けになるでしょう。

私たちは自らつらい状況をつくりだしていることがあります。それは決して珍しいことではありません。私は毎週のようにこんな言葉を聞いています。「私は人間関係を築くのが下手なんです」「私は友人として最低です」「私はバカだから」「私は内気すぎるんです」……。もうおわかりでしょう。自分自身をこんなふうにジャッジする必要はないのです。もちろん、人はみな間違いをおかします。けれども、その間違いと、間違いをした本人とは、イコールではありません。

人が間違いから学ぶのは、次の新しい間違いをするためです。私たちは自分の望むものや必要とするものを夢見て、その夢が実現すると、自分の考えの間違いに気づきます。そこでその間違いを正し、そこから学び、また別の決断をして、しばらくはそれでうまくいくのですが、やがてまた調整が必要になります。人生が終わるまでそのくり返しで、私たちはさまざまな望みを持ちながら、試行錯誤を続けるのです。そんなときに自分の限界を決めつけたり、自分を裁いたり責めたりしても、何の役にも立ちません。判断を保留することも、ときには必要です。私たちには多くの共通点があります。私たちはみな弱さを抱えた人間であり、見せかけだけの強さにこだわるよりも、弱さを自覚したほうが強くなれることを知るべきなのです。

最後になりましたが、みなさんが本書を楽しく読んでくださることを願っています。些細《ささい》なことのように思えるかもしれませんが、人生において、「楽しみ」はもっと優先されていいのです。その楽しみに加え、もしほんの少しでも共感できたり、「そうそう！」と思えるところが見つかったりするなら、それはとてもすばらしいことです。それこそこの本が目指すところなのですから。それに成功しているかどうかは、本書を読めばおわかりいただけるはずです。

How We Love

第 1 章

結びつきを育む

他者や自分自身と
しっかりとしたつながりを築く

西欧の社会では、人に頼らないことが大切だと考えられています。独力で会社を立ち上げた起業家や、いわゆる「自立した現代的な女性」の話をあらゆるところで耳にします。しかし、100パーセントの自立などありえないと私は考えます。私たちは生活のあらゆる面で他者に頼っています。作物を収穫して店に並べたり、水道水を供給したり、家を建てたりといったことをすべて自分でする人はいません。完全な自立などというものがあると考えるのは誤りなのです。そして飲み水を供給してくれる人を必要とするのと同じように、私たちは一緒に過ごしてくれる人を必要とします。そういうニーズを捨てようと努力してみても、この事実は変わりません。

人はほかの動物とは異なり、未発達の状態で生まれ、最初に世話をしてくれる人とのあいだに関係を築きます。自我やアイデンティティ、ニーズ、性格などは、幼少期にどのように世話をしてもらったかによって決まります。精神分析学者で小児科医でもあるドナルド・ウィニコットは、「〝赤ん坊〟などというものは存在しない。存在するのは〝赤ん坊と母親〟だ」と言っています。つまり、自分がより大きな世界の一部であると実感するためには、一生を通じてなんらかのつながりが必要なのです。たいていは人とのつながりですが、アイデア、もの、場所などとのつながりもありえます。

私のもとにセラピーを受けに来たクライアントについて思い返してみると、目の前の問題がなんであれ、悩みごとの根本はほとんどの場合、人間関係にあります。過去の人間関係が価値基準や自己像に影響を与えたり、他者との関係において行き詰まりの原因になったりしているのです。他者とのつながりに関するトピックを、こうして本書の冒頭に持ってきたのも、それが私たちの人生で最も重要なことだからです。人が死ぬときに口にするのは、自分にとって人生で一番大事だったのは人とのつながりだ、という言葉です。たいていの場合、これは身近な他者との人間関係を指します。

人間とは複雑な存在で、習慣や家庭内の力関係、使用する言語、何かをするときのやり方といった「文化」は人それぞれなので、人間関係はときに厄介なものになりえます。価値基準や他者との付き合い方は人によって異なります。あなたと周囲の人々との人間関係が円滑に機能する方法を見つけるのは非常に重要ですが、簡単なことではありません。だからこそ、この章が助けになるはずです。

人はなぜつながりを求めるのか

人とのつながりを感じることは、私たちが生きていくうえで欠かせない要素の1つです。人にかぎらず、アイデアやもの、環境とのつながりも必要です。私たちは自分が何かの一部であることを実感したいのです。深い意味のある対話、バス停でのちょっとした世間話、本を読むこと、テレビを見ることなどから、私たちはそうした実感を得ています。スマートフォンを手放せないのもそのためです。スマートフォンから得られる、外の世界とつながっているような感覚によって、少量のドーパミン（人を「幸せにする」ホルモン）が分泌されるのです。

しかし、画面を通したつながりしか持たずにいると、だんだん憂鬱《ゆううつ》な気分になってくることがあります。私たちにはもっと直接的に人と影響を与えあうつながりが必要なのです。充分なつながりが持てないと、心の健康を害するおそれもあります。私たちは気分を上向きにしてくれる相手や、自己認識を補強してくれる相手を必要とします。人とのつながりが重要なのは、周囲の人々が自分を映す鏡のような役割も果たしているからです。相手の反応が一種のチェックシステムとして働き、心の健康に必要なバランスをもたらしてくれるのです。

とはいえ、つながりに依存しすぎるのは危険でもあります。1つの比喩として、人間の体にたくさんのフックがついているところを想像してください。もしそのフックを1つも表に出していなければ、誰ともつながることができず、孤立して、孤独を感じることになります。けれどもすべてのフックが出ていると、常に誰かしら、何かしらとつながることになり、1つひとつのつながりから意味や重要性が失われてしまいます。人から人、アイデアからアイデアへと常に飛びまわっていると、個々のつながりを大切にするのが難しくなります。すべてとつながろうとすれば、結局は1つのつながりも得られないのです。

注意力散漫で、1つの物事にうまく集中できない人に出会ったことは誰にでもあるでしょう。そういう人と接しているときは、自分に気持ちを集中してもらえていないように感じたはずです。これは躁病《そうびょう》的行動と呼ばれる状態です。ときどき躁状態になるのはかまいません。それもまた、創造力を発揮する方法の1つだからです。しかし、長期的にその状態を持続するのは不可能です。

ほかの多くの物事と同様に、人とのつながりにおいてもバランスが肝心です。自分の持つすべてのフックではなく、一部だけを出しておけば、大切に思う相手や興味のある事柄としっかりしたつながりを築くことができます。そうして余った時間は何か満足の得られる活動にまわすか、新しい人々と知りあって、彼らの価値観が自分と合うかどうかをゆっくり吟味することもできます。自分を前向きに受けとめてくれる人がまわりにいるのは素晴らしいことです。この人は自分を教え導こうとしてくれているのだ、この人は味方なのだと感じられる相手なら、何かに挑戦してみるように発破をかけられても、気分を害することはないでしょう。

人はどんな集団の中にいても――学校でも、職場でも、社会集団でも、大家族でも――自然と小さなグループをつくるものです。それ自体は良くも悪くもない、人としてごくふつうの行動です。誰か1人か2人と親しくなれば小グループができ、そうやって集団内で自分の居場所を見つけることでアイデンティティや帰属意識が形成されます。集団に働くこうした力学によって、周囲の人々を鏡として、自分がどんな人間であるかだけでなく、集団の外の人々と比べることで、自分がどんな人間ではないかもわかるのです。

だからこそ、集団の一部であることは非常に重要であり、仲間外れになるとつらいのです。ある女性が、人間関係のバランスがうまく取れなくなり、夫や子どもを介さなければ友達がつくれなくなったという悩みを書き送ってきました。

私は32歳で、幸せな赤ちゃんの母親です。息子を愛していますし、産休を楽しく過ごしています。夫は素敵な人で、父親になったことにとても満足しています。

私たちにはいい友達がいますが、みんな夫がつくった友達です。私も育児教室に参加していろいろな人に話しかけたりはしますが、友達というのはどうしたらつくれるのでしょう？出産前の両親学級が新しい友達をつくるための絶好の場になるだろうと期待していたのですが、ちょっと排他的な感じもして、まるで学校の教室に戻ったみたいでした。競争心も関係しているように感じます。私たちにはさまざまな子ども用品をそろえたり、すべての活動や教室に参加したりするお金はありません。あるママ友の家のバーベキューに行ったらすごい豪邸で、自分たちの狭い借家が恥ずかしくなりました。

私は以前、あなたのことがよくわからない、あなたをちゃんと知ることができなくて残念だと言われたことがあります。大学では、仲間と出歩くことよりも学問に集中していました。私がママ友のグループになじめないと、子どもに悪い影響があるのではないかと心配です。お友達ができないとか、遊びに誘われなかったりとか。息子には幸せになるためのすべてのチャンスを与えたいのです。

まず、この女性は人間関係を築くことができないわけではありません。少なくとも子どもと夫とのあいだには良好な関係を築いているように見えます。誰にでもあることですが、彼女もここで過ちをおかしています。つまり、誰かとつながりを築くのが難しいと言い訳をしているのです。ほかの人の家に招かれているのに、それでもその集団や、自然にできた小さなグループを「排他的」であると見なし、それをみんなの競争心のせいにしています。そして自分ではなく他者の行動を分析することによって、自分には人間関係を改善するすべはないのだと言い訳をしているのです。

しかし実際は、他人をコントロールすることはできなくても、自分の行動は選べるので、最初の糸口として一番いいのは、そこでの自分の立ち位置を考えることです。所属するグループを見つけられていないのなら、状況をよくするためにできることはなんでしょうか。自分が優越感や劣等感を抱き、グループから遠ざかっている原因はなんでしょうか。それを考えてみるのです。

本当は、この女性は新しい友達を求めていないのだと思います。いまあるつながりだけで満足なのに、自分のためでなく息子のために友達をつくろうと苦労しているのです。誰もがみな同じ数の人間関係を必要とするわけではありません。なかには少ないつながりだけでやっていける人もいて、おそらくこの女性はそういう人なのでしょう。自分自身の楽しみのためでなければ、そして心からの親しみが伴わなければ、なかなか本物のつながりは築けません。

人とのつながりを育むためには、心を開いて自分の弱さをさらけだし、相手が同じことをしてきたらきちんと受けとめる、そういう勇気を持つ必要があります。相手を本当に理解し、相手からも理解されるには、すべてが同じである必要はないのです。必ずしも同じ感情（あるいは感情の欠如）を味わう必要はありませんし、属性が異なっていても、意見が違ってもいいのです。ただし、傷つきやすい面も隠さずに、自分で自分をどう受けとめているか、自分の世界、反応、感情、思考をどう感じているかを明かす必要があります。そして、相手から影響を受けることにもオープンであるべきです。大事なのは、相手の感情を理解しようと努め、共感し、共感されることなのです。

他者と本物のつながりを築くには、自分がなるべきだと思う人間や、誰かの望みどおりの人間になるのではなく、自分の本当の姿を見せる必要があります。嫌われるリスクを負わなければ、自分を知ってもらうチャンスは生まれないのです。本来の自分の姿を隠していては、自分を見てもらうことはできません。相手にどう受けとられるか不安に思う気持ちは、たいてい良好な結びつきの妨げとなります。それを回避するには、不安の代わりに相手への興味で心を満たすことです。つまり、焦点を自分から相手へ移すのです。これができれば誰かと一緒にいても消耗せず、楽しく過ごすことも容易になります。

知恵を蓄積し、つながりを増やすには、正しいことしか口にしないように準備しておくのではなく、その場で会話をしながら考えることです。これは思考をまったくフィルターにかけなくてよいという意味ではありません。誰かに「あなたのことを知りたいのです」と伝えるか、あるいは、思いきって本音を話してみましょう。結果については不確かなままでいいのです。そうすることで、自分が相手との関係をどう感じているか、頭の中だけで考えているよりもはっきりと理解できるようになるでしょう。

自然な言葉を口にしましょう。相手にどう受けとられるかがわからなくても、自分らしくふるまうことに慣れましょう。思いきって自分の考えをシェアしましょう。これは必ずしも安全で確実な方法ではなく、リスクのあるやり方です。けれども、そのリスクを負う価値はあるのです。他者との関係を頭の中だけで想像し、相手の反応を思い込みで決めつけているような状態は、本物の人間関係とはいえません。先ほどの相談者が他人のことを排他的だとか、競争心がわずらわしいと話すのは、相手と本当の意味での関わりを持てていないからです。彼女は自分の想像の中の彼らと関わっているだけで、これでは他者との本物の結びつきは成立しません。

もし本当の自分を見せ、それでも自分に合う集団を見つけるのが難しいと思うなら、おそらく別の場所に仲間を探しに行くべきでしょう。私の場合は、多くの集団——聖歌隊のようにフォーマルなものもあれば、友人同士の集まりのようにプライベートなものもあります——にとけこめるロンドンでの暮らしを心地よく感じています。ロンドンに移る前は、たびたび自分がよそ者のように思えて途方に暮れていました。当時はまだ、自分の本当の仲間を見つけることができずにいたのです。小さな町から都会へ移って仲間を見つけるというのは、ステレオタイプではありますが、理にかなった行動です。人の数が多ければ、気の合う相手と出会う確率も高くなります。

おそらく、以前の私が仲間を見つけられなかったのは、自分のことをよくわかっていなかったからです。自分自身をきちんと理解していなければ、本当の自分を人に見せることはできません。そして自分を再発見する最良の方法は、自発的に他者と対話をすることです。

知っておこう

帰属意識を持つことは、すべての人に必要です。家族に対して、事業に対して、コミュニティに対して、あるいは特定の誰かに対して、私たちは帰属意識を持ちます。人間はつながりを必要とする生き物なのに、なぜか多くの人が全力でそれを否定しようとします。

ときには人間関係がつらくなることも

多くの人が私のもとにあらゆることを書き送ってきます。常に自分が正しいと思っているパートナー、友人のひどい仕打ち、あるいは大人になってからもあれこれ口出ししてくる親や、人の話を聞かない上司について。マイクロアグレッション〔特定の属性を持つ人への無意識の偏見、無理解、差別などの言動〕によって自信を蝕《むしば》まれ、足もとさえおぼつかなくなった経験について。人生には、どうしても人間関係がつらくなって、身を引いてしまうこともあるものです。

ロックダウンが明けてから、次のような相談を送ってきた女性がいました。ある程度の期間を1人で過ごしたあと、人なかに戻るのに苦労しているというのです。

私は20カ月間、隔離されて過ごしたあと、最近ようやく社会復帰したばかりです。もともと合併症があったせいで、ワクチンも最近になってから接種したため、新型コロナウイルスに感染するのが怖くて、完全に1人で過ごしてきました。ロックダウンのあいだに命にかかわる感染症にかかり、幸運にもそれは乗りきることができたのですが、そのせいで自分がどんなに孤独で脆《もろ》い存在であるかを思い知らされました。

余剰人員として解雇されたため、いくつもの仕事に応募し、面接を受けに行っています。けれども当然のように不採用が続いていて、たまに採用されても職場でよい評価を得られずに、降給の交渉をされたりするのです。

固い友情で結ばれていたはずの人々にも失望させられました。仕事を失ったせいで私が何もしてあげられなくなると、同僚や友人が去っていきました。結局、人生は完全に自分だけのもので、人間関係にはまったく意味などないのですね。

私はいま39歳ですが、恋愛も、家庭を持つことも、もうあきらめました。男の人たちは最初のデートで私の気持ちを知りたがりますが、そんなことはもっと時間をかけなければわかりません。ゆっくりと時間をかけて関係を育むことにはなんの価値もないのでしょうか。特別なことを求めているわけではありません。テキストメッセージを送りあって会う約束をし、一緒にぶらぶらしたり、ときどきおしゃべりをして笑いあったりして、ただデートを楽しみたいのです。

外の世界への扉は開かれているのかもしれませんが、私は一歩を踏みだせずに苦労しています。

孤立や孤独を経験すると、私たちは他人を警戒し、信用しなくなります。同じようなことが何度か起こると、人はそれをパターンとして学び、自分を守るために引っ込み思案になります。拒絶から身を守ろうとして、弱みを見せることに慎重になるのです。人間は群れで暮らす動物です。群れをなす動物は、集団から引き離されて孤立を強いられたあとに再び群れに戻されると、中心に飛びこむことができずに端のほうにとどまり、孤立に近い状態を保とうとします。これはラットとハエによる実験で証明されていることですが、本能に関わる部分ではヒトの場合にも大きな違いはないように思います。

ときには、恋人や友人だと思っている大切な人との関係で、いやな経験をすることもあるでしょう。それを1つのパターンとして認識し、どんな経験も多かれ少なかれ同じようなものだ、性悪説は正しい、人間関係など無意味だ、などと思いたくなるのも仕方のないことです。人はもっともらしい口実を考えだすこともできます――先ほどの女性が自分なりのエビデンスで自分の考えを証明しようとしたように。しかし、引っ込み思案を正当化する理屈は大敵です。

このような不安や不信を感じたときに、できることは2つあります。1つは、不安や不信に支配され、隠れたままでいること。もう1つは、不安や不信を感じても、とにかく人の中に入っていくことです。隠れていれば、不安をそのまま持ちつづけるしかありませんが、不安をあえて受けとめ、行動しつづけていれば、やがて不安は小さくなり、人間関係を築くことも、絶対無理だろうと思っていたような議論の輪に入っていくことも、できるようになります。

私たちはときどき、全か無か《オール・オア・ナッシング》の思考に陥ることがあります。「人はみな他人のことなんかどうでもいいのだ」「誰だって大事なのは自分だけ」「友情なんてすべて無意味だ」などと考えてしまうのです。こういうフレーズに共通しているのは、例外を認めないところです。人生は常に1か10かだと断定し、そのあいだ（2から9）にあるはずのさまざまな経験を否定しています。

ところが、たいていの物事は2から9にあるのです。「すべて」「みな」「100パーセント」「誰もしない」「絶対ない」などというのは、空想や迷信や机上の空論のようなものとして疑い、変えていく必要があります。私もこういう言葉を使ったことはありますし、これからも使うでしょうが、よくあることだからといって真実だと思い込んではいけません。

あるいは、別の空想もできます。「誰もが魅力的で知的な人たちで、みんな私に興味を持ってくれている」と自分に言い聞かせたっていいのです。もちろんこれも真実ではありませんが、どうせならポジティブな空想のほうがいいのです。どちらを信じるかによって、他人といるときのあなたのエネルギーの向きや、他人があなたをどう受けとめるかが変わってきます。

あなたの中に他人についての思い込みがあると、それが現実のものとなることもあります。たとえば何かの集まりに出かけ、「私に好意を持ってくれる人など1人もいない」「誰も私と話をしたがらない」「人間関係なんて無意味だ」と考えながら会場に足を踏みいれたとすれば、その思考はどのような振る舞いとなって表れるでしょうか。あなたはどういうオーラを発することになるでしょうか。おそらく、部屋の隅のほうで人とのアイコンタクトを避け、どんな会話にも身構えてしまうことでしょう。

では反対に、「みんなおもしろくて魅力的な人ばかりで、私と会えたことを喜んでくれている。私はおもしろくて、知りあう価値のある、魅力的な人間だから。みんなに自分の考えを話したいし、みんながどう考えているかも知りたい」と思っていたら、それはあなたの表情や振る舞い、アイコンタクト、オーラにどう表れるでしょうか。きっとあなたは親しみやすく、友好的で、話のわかる人という印象を与えることでしょう。

大事なのは、「ほとんどの人はいい人だ」と信じる気持ちをなくさないことです。全人類がひどい悪人ということはありませんし、なかには本当に素晴らしい人もいて、そういう人はあなたにとっても楽しくおもしろい人になりえます。他者との関係を自分の頭の中だけで築くことが癖になり、相手の動機や思考、感情について、最悪のケースを想像してしまうときもあるでしょう。そして実際にそれを相手に確認したりはせず、悪いのは自分なのに相手を責めるのです。これは誰もがおかすまちがいですが、気づいたらやめればいいのです。

他人についてはもっと楽観的になって、安全地帯の境界線をゆるやかに広げ、気を楽にして、余計な心配をしないことです。ヒトにはハエより有利な点がありますーー自分に本能があることを認め、その本能を理解し、何を優先するかを自分で選べる点です。私たちは本能に惑わされずに、頭脳を使って行動することができるのです。

私はこれまでの考えを変えようと思うとわくわくします。自分が他者について想像をたくましくしているときには、それに気づくことが肝心です。そういうときは全体像を見ずに、自分の想像を補強する証拠だけに目を向けたり、オール・オア・ナッシングの考え方にはまりこんだりしているものです。他者に関するネガティブな想像をポジティブな想像に変えれば、それはあなたの表情にも反映されて、人生が180度転換します。これは私のクライアントも私自身も、経験してきたことです。だからこそ、お勧めするのです。

思考パターンを「みんなひどい」から「みんな素敵」へと修正すれば、人生は大きく変わります。このスイッチを入れるのが得意な人もいれば、勇気をふりしぼる必要がある人もいるでしょう。しかし、希望に満ちた方向に舵《かじ》を取り、発芽する種子もあるのだという事実に目を向ける必要があります（ただし、種子を植えなければ何も始まりません）。

この言葉をくり返してみてくださいーー「あなたも私もみなおもしろくて魅力的な人で、お互いに会えてうれしいと思っている」。もし、「努力してまで付き合う価値のある相手なんかいない」という考え方に慣れてしまっている場合には、練習が必要です。あなたの中にある「言葉にすることで実現する予言」をいますぐ更新しましょう。人生は一度きりです（まあ、おそらくは）。仲間はずれのハエにならないようにしたいものです。

知っておこう

自分に対する他人の態度から、あれこれ想像してしまうのはよくあること。しかし、他人にどう思われているかを想像するなら、ポジティブに考えましょう。それで何かが変わるわけではありませんが、自分の気持ちは楽になります。

つながりをどうやって築くのか

他者とつながりを築こうとするときの私たちの行動はたいてい、過去にどのように愛されてきたかに影響されます。私たちは、養育者のそばで感じたのと同じ気持ちをもたらしてくれるパートナーを探し求めます。愛されるのは「故郷に帰るようなもの」だと表現する人もいます。言葉でうまく説明できないような「慣れ親しんだもの」へ帰っていくような感じがする、と言うのです。問題は、その慣れ親しんだ感じを引き起こす誰かに出会うと、まるで火花が散ったように――運命の相手に出会ったかのように――感じられることです。こういう親近感は相性のよさと混同されることが多いのです。次に挙げる、パートナーとの問題を書き送ってくれた男性も、まさにこのケースでした。

彼と付き合いはじめて3年間、ぼくは完全に恋に落ちていました。問題が起こったのは、彼が結婚してほしいと言ってきたときでした。ぼくはすれ違いを感じていたので、一緒にカウンセリングを受けてほしいと頼みました。それでもどうにもなりませんでした。彼はカウンセリングの最中に、いま思いだしてもズキリと胸が痛むようなことをいくつか口にしました。たとえば、ぼくたちの関係はぐずっている子どものようなもので、ときどき逃げだしたくなる、とか。彼が遠くなったように感じるにつれ、2人の関係が悪化しているようで、心は乱れるばかりでした。

結婚の計画は行き詰まりました。最後のひと押しは、彼がぼくに相談せず、ぼくを誘いもせずに、友達との休暇旅行を決めてしまったことでした。ある日、彼から侮辱的な言葉を浴びせられたあと、ぼくは自暴自棄になって、もう終わりにしようと言ってしまいました。あとで冷静になって撤回しようとしたのですが、彼はいっさい受けつけませんでした。その後、彼とは会っていません。

いまはプライベートも仕事もうまくいっています。けれどもまだ深い悲しみにとらわれていて、この気持ちが消えることはもうないのではないかと心配です。彼に手を差しのべてもらいたい、きみの友情が必要だと言ってもらいたいのです。彼のあとにも何人か恋人はできましたが、もう完全に傷が癒えることはないような、100パーセントいまを生きることなどできそうにないような気がしています。

この男性の別れた相手は、心理学の用語で言えば、「回避型アタッチメント」タイプの人です〔アタッチメントとは、おもに幼少時に養育者とのあいだに築かれる愛着関係のこと〕。つまり、自覚はないのかもしれませんが、他者との距離が近づきすぎることを好まないのです。このタイプの人にとって、関係が深まりそうになると逃げ腰になるのはよくあることです。たとえ自ら進んで付き合いはじめたとしても同じです。回避型アタッチメントの行動パターンを身につけているのは、子どものころに他者を当てにできなかった人です。そういう人は、誰にも頼るまいと無意識のうちに（言葉を話せるようになる前に）決意して、自分一人で問題を解決しようとします。

しかし、幼いころには自分の身を守る手段として役立ったこの方法も、状況が変われば足手まといになり、私たちの行動を妨げます。かつては自己防衛の手段だったものが、今度は自分を傷つけることになるのです。この男性の別れた相手は、つながりを求める人間の欲求を、どこか怖ろしく、不快なものと感じているのかもしれません。

一方、メールを書いてきた男性は、心理療法士の言葉で言えば「不安型アタッチメント」タイプです。子どものころに不安定なアタッチメントを経験した人が成長とともに強く抱くようになる感情の1つが、切望です。子どものときには親の関心が自分に向くことを切望し、大人になってからは切望を愛だと思っています。慣れ親しんだ感覚であるがゆえに、正しいことのように感じられるのです。おそらくごく幼いころの養育者が、安心感よりも切望をより多く経験させたのでしょう。

まさかと思うかもしれませんが、乳幼児が親を求める姿を見てください。必死に親のそばに近づこうとする姿、親を切望する姿、まさにあれです。「不安型アタッチメント」タイプの人は、もしかするとそういう乳幼児の幻影を抱えたままなのかもしれません。何度も何度も親の愛情を求めて、ほんの一瞬だけ応じてもらえたときのこのうえない喜びが、切望をより大きくしてしまったのです。

このタイプの人が惹《ひ》かれ、パートナーに選ぶのは、たいてい回避型の人です。不安型の人は相手を切望することに慣れていて、その感情の引き金になるのがしっかり関わろうとしない恋人、つまり「回避型アタッチメント」タイプの人だからです。最初の養育者との関係がきちんと決着していないと、やりかけたままの仕事があるように感じられ、それをそのままパートナーとの関係に持ちこんで、今度こそうまくやろう、この仕事に決着をつけようと思ってしまうのです。魅力的な誰かがあなたの求めに完全に応じてくれないとなると、その思いがいっそう燃えあがります。「不安型アタッチメント」タイプの人は、こういう「ハイ」の状態に依存します。しかしこれは、「ロー」の状態があるからこその「ハイ」であることに留意する必要があります。

アタッチメントのタイプは自分で選べるわけではありません。相手とのつながりを育むプロセスは無意識のうちに進展します。さらに、一生ずっと1つのタイプにとらわれることもありません。自分のタイプを理解し、それに振りまわされないように意識すればいいのです。先ほどの男性も、彼のような多くの人々も、いずれ問題を乗り越えられると私は信じています。

もしあなたが彼と似た状況にあると思うなら、あなたを育てた（もしくは、育てるべきだったのに育てなかった）人とのあいだに生じた、人生最初の人間関係を振り返ってみることをお勧めします。そして、現在の人間関係に過去を呼び起こす引き金となるものがないか、確認してみるのです。親に認められたいからという理由だけで、がむしゃらにがんばったことはありませんか。好きになった先生が全然褒めてくれなかったことは？　海外に住んでいたり既婚者だったりといった、手の届かない相手を好きになるパターンにはまりこんではいないでしょうか。

報われない愛情のパターンにはまっているとわかったら、自分の切望についてじっくり考えてみてください。問題の渦中にいるときのあなたは自分の切望と同化しているのです。一歩引いて、自分の状況を客観的に見てください。前に進むために必要なのは、好きだと思っているタイプが自分と相性のよいタイプではないと認識することです。

あなたと相性のよいパートナーは、激しい気分の浮き沈みをもたらす回避型の人ではなく、頼りになり、いつでも当てにできて、安心できる人、心理学の用語で言えば「安定型アタッチメント」タイプの人です。回避型の人のように慣れ親しんでいないので、一目惚れをすることはないかもしれませんが、頼れる相手です。最高に「ハイ」になることはなくても、ひどく落ち込むこともありません。そして関係が深まるにつれ、一緒に過ごすことで満たされた気持ちになり、少しずつ着実に満足感が高まっていきます。これは、ごくまれに自己肯定感が強化されて有頂天になるのとは、まったく異なる感覚です。

知っておこう

私たちはよく、慣れ親しんだ物事を真実だと思い込みます。しかし、ある考え方やある感じ方に慣れているからといって、それが正しいとはかぎりません。

「友達」には2種類ある

人にはそれぞれの傾向や習慣、信念があり、他者といかにつながりを築き、維持するかということは、相手がそれぞれに大きく影響します。周囲の人からどんな恩恵を受けているか、身近な人とどう一緒に過ごすべきか、人間関係において受けいれられるものと受けいれられないものは何か、何を忠実で何を不実と捉えるか。こうした問いへの答えは人それぞれです。ほかの人も自分と同じだろうと思い込んでいると、相手は拒絶したつもりなどないのに、自分の思い込みや期待によって傷つくこともあります。

以前はとても仲のよい友人だったのに、相手がその友情を手放そうとしている、というメールはたくさん届きます。アメリカに移住した友人のことを書いたある女性のケースを紹介しましょう。

親友だと思っていた人からまったく連絡が来なくなりました。知りあったのは学生時代で、彼女が交換留学生としてアメリカからやってきたときでした。10年間、彼女は私にとって世界一大事な人でしたし、本当にたくさんのものを共有してきました。

5年ほど前、彼女は仕事でアメリカへ戻りました。出発前に私を訪ねてくれたときには、とてもうれしく思いました。その後もがんばって連絡を取りあいました。2人とも働くようになり、それぞれの国で自分なりの生活基盤を築こうとしていましたが、彼女にとって向こうでの時間が2人で共有してきたものより大切になるとは、思ってもみませんでした。

彼女はアメリカから絵葉書をくれました。以前のメールアドレスが使えなくなっていたので、返事を出せるように彼女の両親に何度も住所を尋ねましたが、教えてもらえませんでした。その後、SNSを通じて（彼女はほとんどログインしないので、彼女の弟を通して）知ったのですが、彼女のことをアメリカまで追いかけていった恋人と結婚し、すっかり母国での生活に戻って、子どもまで生まれていたようです。

人生のビッグイベントがいくつもあったのに、彼女が私に知らせようとすら思わなかったことがとてもショックです。私がどれほど打ちのめされたかを手紙に書きました（両親の家経由で送るつもりです、そちらの住所ならいまでも覚えていますので）。けれども、彼女が返事をくれなかったら、あるいは、残酷な真実を告げる返事が来たらどうしようと思うと、手紙を送る決心がつきません。この手紙を送るべきでしょうか。

友情については、人によってかなり受けとめ方が異なります。小学校で一緒に遊んだ相手といまでも親友同士という人もいれば、昔の知り合いにばったり会えば喜びはするけれど、より強い結びつきがあるのはいまの暮らしの中でそばにいる相手だという人もいます。どちらか一方がより優れているとか、どちらか一方にだけモラルがあるということではなく、こうした違いが生じるのはごく自然なことです。

もしあなたが、私にメールをくれた女性のように、遠距離でも友達付き合いが自然にできる人なら、引っ越していった友人が連絡をくれなくなったらきっと当惑し、傷つくことでしょう。相手の気分を害することをしてしまったか、あるいは何か誤解があったのではないかと考えるはずです。心当たりがなければ、相手が残酷な仕打ちをしているのだと思うか、自分が嫌われたのだと思うことでしょう。けれども、相手はあなたとは異なる友情の捉え方をしているだけの可能性もあります。もしその友人が、過去よりも現在の生活に関わる友情に重きを置く人なら、連絡がなくて傷ついたと言われてもきょとんとするだけかもしれません。そもそも友情に対する考え方があなたとは異なるのです。

親友同士の友情については、ほかにもこんなケースがあります。かけがえのない相手として友人付き合いをしていたはずなのに、その後、この人こそ本当にかけがえのない相手だと思える恋愛対象に出会い、親友との関係が真剣な恋愛関係のリハーサルであったかのように思えてしまうのです。これも、双方が同じように感じているなら問題はありませんが、一方が友情は一生続くものだと思っているのに、もう一方が友情より恋愛を優先する場合には、おそらく前者が傷つくことになります。誰かの一番大切な相手でありつづけるというのは、大きなプレッシャーでもあるのです。人生は移り変わるものであり、それに伴って優先順位も変化します。

とくに、年を取って外出することにさえ努力が必要になると、何をするにも決まったやり方があって、柔軟性が失われている可能性もあります。新しいことを試してみたり、新しい人々と知りあったりする機会が若いときに多いのは、よりエネルギーがあるからです。年を重ねてからの出会いでは、習慣や性格がすでに形成されているため、つながりを築くにもより複雑なプロセスを必要とします。外の世界には人との結びつきを得られる可能性が数多くありますが、人はそれぞれ異なる心理空間にいて、異なる立場で争いに加わり、異なる望みを持っています。若い人同士がともに成長していけるのに対し、年齢の進んだ人が誰かと強い結びつきを新たに築くのは、若いときより難しいかもしれません。ただし、決して不可能ではないのです。

「完璧」を目指さない

作家のナオミ・オルダーマンは、パートナーがいることの利点は、自分の人生の目撃者になってもらえることだと述べています。恋愛対象としてのパートナーがいなくても人生を幸せに過ごし、成功を収められる人は大勢いますが、誰かと一緒にそれを経験するのはまた違った特別な体験です。『ハングオーバー・ゲームズ』（*The Hungover Games* 未邦訳）の著者で、長年シングルマザーだったソフィー・ヒーウッドは、家の外での経験と、家の中で恋人と過ごす時間は、相互に補完しあうものであることに最近気がついたと語っています。何があっても自分を愛してくれる人が家にいるようになってから、外の世界での経験がよりよいものになり、「長年、雨に降られたら濡れるのが当たり前だったけど、いまは防水服を着ているような感じ」なのだそうです。

長期的な人間関係における健康面や精神面での恩恵とコストについては多くの研究があり、グーグルで検索していると、あっという間に時間が過ぎてしまいます。私自身がパートナーと暮らす理由の1つは、自分の愛する人が、欠点も含めたありのままの自分を愛し、受けいれてくれて、対等な関係でいられることです。そういう状況では、人として成長せずにいることのほうが難しいのです。自然に度胸がつき、寛大になり、パートナーだけでなく、いままでに出会ったすべての人に愛情を向けたくなります。愛するパートナーを見つけるのは、うまく焼きあがったケーキにアイシングをかけるようなものです。アイシングがないほうが好きなら、なくてもかまいません。

私のもとに送られてくるメールの中でおそらく一番多いのが、マッチングアプリ全盛の世の中で完璧なパートナーを見つけるにはどうしたらいいか、という質問です。次に登場する男性もご多分にもれず、それで苦労し、苛立《いらだ》っています。

デートは数えきれないほどしましたし、短い付き合いをいくつか経て、一度だけ長く続いた関係がありましたが、結婚するはずの前日に振られてしまいました（それももう、だいぶ前の話です）。マッチングアプリで相当がんばって相手を探しましたが、半年以上かけて47人の女性にきちんとしたメッセージを送ったにもかかわらず、1つもいい返事が来なかったので、もうやる気をなくしてしまいました。私はいま50代後半で、健康的な長身痩躯《そうく》、どこにでもいるような平均的なルックスで、はっきりとものを言う、知的でユーモラスな人間です。マッチングアプリを使うのと並行して、地元グループの懇親会や小旅行にも参加し、さまざまな人と出会いました。年を取りすぎている人や、一緒にシーソーには乗りたくないような相手や、交際について「知り尽くしたわ、もうたくさん！」と口にするような女性は遠慮したいのですが、そうなるとほとんど誰も残りません。

最近また、長い付き合いを望んでいると言いながら、理由も言わずに突然別れを告げてきた人がいました。本当にショックでした。この女性とはハグをしただけですが、自分の冷えきった生活について改めて考えさせられました。

「誰にでも、特別な人がきっと見つかる」という言葉にはまったく賛成できません。そんな考え方は明らかに間違っています。もうあきらめて、残りの人生を1人で過ごすべきなのでしょうか。それとも、何度も失敗して自尊心や心の健康が損なわれることを覚悟のうえで、特別な誰かと出会える希望を捨てずにトライしつづけるべきなのでしょうか。

オンラインデートを通販のように考える、というのはよくある間違いの1つです。画面をスクロールしたりスワイプしたりして完璧なジーンズを探すのと同じように、完璧な相手を探そうとするのです。残念ながら、完璧な相手などいません。先ほどの男性には、心を広く保ち、「わからない」ものは保留して、相手がどんな人か、自分がその人とうまくやっていけるかどうかを自分一人で決めつけるのはやめましょう、とアドバイスしました。上から目線の決めつけは、相手にも伝わってしまうものです。そういう決めつけはいったん脇に置いて、自分だけの基準で人を分類するのをやめましょう。好みのタイプが相性のよい相手とはかぎりません。

オンラインデートの時代には、限りなく選択肢があるため、交際相手を見つけるのがかえって大変です。人は何かを決めるとき、別の何かを切り捨てます（「決める」という意味の decide の語尾“cide”は、「殺す」「取り除く」という意味のラテン語“caedere”から来ています）。誰か一人と付き合えば、ほかの人と付き合う可能性を捨てることになります。すべてを手に入れたいと思うのは自然なことですが、実りある関係を手に入れるには、ほかの可能性に別れを告げる必要があります。誰しも間違った選択をしたくないので、間違いを怖れるあまり、どっちつかずの状態のままでいようとする人もいます。

心理学者のバリー・シュワルツは、選択肢の多さが何かを決定したあとの満足感にどう影響するかについて実験をしました。彼の研究によれば、人は6種類のチョコレートから1つを選ぶときには、すばやく決めて、自分の選択に満足します。ところが100種類の選択肢があると、たいていの人はおいしそうだと思う最初の選択肢に飛びついたりはせず、すべての中からどれを選ぼうかと頭を抱えて悩み、最終的に決断を下したときには、6種類の選択肢しかなかった人よりもはるかに満足度が低いそうです。シュワルツはまた、人は「最大限を追求する人（maximizer）」と「ほどほどで満足する人（satisficer）」に分かれることにも気づきました（satisficer は、「満ち足りた」の意味の“satisfied”と「足りる」の意味の“suffice”の混成語で、基本的には「充分である」という意味です）。前者はあくまでも完璧を求め、後者は「それで充分だ」と考えます。

では最終的に、どちらが幸せだと思いますか。そう、幸せなのは、「ほどほどで満足する人」のほうです。もう少し先によりよいものがあるのではないかと気になって、なかなか1つに決められないというのは、おかしなことではありません。しかしそれでも、1つを選んで、それに深く関わろうとすることが最大の満足をもたらすのです。なぜなら、よい選択をするには、何を選ぶかと同じくらい、選んだものと関わること自体が大事だからです。最大限を追求しようとする傾向は、実はあなたの味方ではなく敵なのです。

もし、いろいろな人とデートをしながら、完璧な相手を見つけようとしてプレッシャーに押しつぶされそうになっているなら、まずは誰か1人に決めて一緒に野球観戦にでも出かけることをお勧めします。愛とは行動であり、はまり込むものではありません。そして、自分だけが選ぶ側であると考えるのはやめましょう。あなたのほうが、誰かから見つけてもらったっていいのです。不確かな状態を楽しめるようになる必要があります。あまりがんばろうとせず、ただ楽しむために出かけ、デートを面接や仕事のように考えるのはやめましょう。心を開いて、自分らしくふるまい、楽しみを優先させましょう。

知っておこう

ときどき、間違いを避けるために決断自体を避ける人がいますが、決断をしないというのも1つの選択であり、それにも結果が伴います。

将来への不安

経営コンサルタントとしてパートタイムで働きながら修士課程で学んでいるという24歳の男性から、次のメールをもらいました。

パンデミックが始まってから1年ほど独り身で過ごしたあと、最近になってマッチングアプリである女性と出会いました。ぼくと同年代で、付き合いはじめて2カ月くらいになります。彼女は人当たりがよく、とても魅力的で、一緒に楽しい時間を過ごしてきました。ぼくのことをよく笑わせてくれます。

けれども、1つだけ危険信号が灯《とも》っています。20代半ばにもなるのに、彼女はまだ実家暮らしで、家を出て独立しようという気持ちがまったくないらしいのです。そのうえ、パートタイムで仕事をしているのに、家にお金を入れていません。家賃が高くて実家からなかなか出られないのは理解できますが、彼女には大学へ行ったりキャリアを築いたりする計画もなく、稼いだお金は友人との外出や旅行や趣味に使ってしまいます。

ぼくの友人や家族は、彼女のことを浪費家だと言います。自立した大人として生活したことがなく、さまざまな料金の支払いについて考えたこともないから、一緒に暮らしはじめたらぼくのお金を使い果たしてしまうだろう、別れるべきだ、と言うのです。彼らの言い分はわかりますが、彼女といるととても楽しいのです。自分がどうするべきかわかりません。何かアドバイスはありますか。

多くの人にとって身に覚えのある状況ではないでしょうか。ある人と出会って、いま一緒にいる分には楽しいけれど、一生をともに過ごしたい相手かどうかはわからない。社会からボードゲームのようなゴールや節目（年齢相応の到達点）を押しつけられるというのはよくあることです。確かに、それは大多数の人にとって最善の道なのかもしれませんが、この世界で生きていくための唯一の正解ではありません。将来その人と一緒にいるかどうかを予測するよりも、もっといまを楽しんでもいいはずです。この先何が起こるか起こらないか、自分が何を望むか望まないか、相手が何をするかしないかを夢想するのは簡単ですが、それは公正な判断とは言えません。

あなたの選択に困惑する友人や家族がいる場合、反対されたときにきちんと話を聞き、真剣に受けとめることも大切ですが、それとは別に、いまこの瞬間を楽しんだっていいのです。物事が自然に流れるに任せ、その流れがどうなるかは時間をかけて見きわめればいいのです。

人は見かけや将来性だけで決まるものではありません。人間には心があります。幸せになる能力を持ちあわせていること、何かに興味を持ったり友人をつくったりする方法を心得ていること、他者とのつながりがあることには、紹介状を何枚も持っていることよりも価値があるのです。相手がどんな人か、自分の人生にどんな影響を与えるかは、プロフィールを見るだけではわかりません。しかし自分が相手を好きかどうかは、一緒にいるときの心の動きでわかります。仮定でしかない未来を思って道を狭めるよりも、目の前の現実に心を開き、耳を傾けるほうがいいのです。

現実に対して耳を傾けず、自分がするべきだと思う物事にこだわるなら、それこそトラブルの元になるかもしれません。ジェイン・オースティンの『説得』でもそうでした。この小説の中で、ヒロインのアンは尊敬する人からの知的で分別のあるアドバイスに従って、将来の見込みがはっきりしない青年との結婚を取りやめます（オースティン自身にも、一度は自分に興味を示した青年が、父親に説得されてもっと裕福な娘に乗り換えてしまったということがあったので、それが著作に影響しているのかもしれません）。『説得』は、自分の気持ちと相容れない、常識的なだけのアドバイスに従うとどうなるかを示す警鐘のような小説です。

執着は愛じゃない

執着を絆と勘ちがいするというのも、よく見かける間違いです。1つには、ハリウッド映画の恋愛至上主義的なお決まりの展開を見慣れているせいもあると思います。そこで描かれるのは、受け身のまま包みこまれるような恋愛です。実際、そういうことはあなたの身にも起こりえます。乳幼児の身に起こるのと同じように。幼い子どもは何もせず、ただ切望するのです。

次のメールはその典型的な例で、恋人との関係に「ときめき」が感じられなくなったと訴える女性から届いたものです。

パートナーと私は2人とも33歳です。2年ほど前に出会いました。彼はやさしくて魅力的な人で、出会った当初から一緒にいると安心できて、居心地がよく、くつろげる相手でしたが、特別にときめくようなことはありませんでした。いまでもそうです。けれども、より深く知りあうにつれ、関係が好転してきました。以前のパートナーたちとは違って、彼は繊細で、知的で、一貫してやさしく、思いやりがあって、寛大です——これは私にとって本当に貴重な資質で、過去にたくさんいやな思いをしてきた身には、本当にありがたいのです。

問題は、私の中にまだ迷っている部分があり、その理由がわからないことです。たぶん、もっと積極的に話をしてくれるタイプや、冒険心のあるタイプが好きなのです。彼のことは心から愛しています。一緒にいて楽しいし、愛されていると感じます。体の相性も悪くありません。なんの不足もないように見えますが、私はもっと活気やスリルがほしいのです。過去の関係で経験した熱情や興奮は、おそらく、自分がどう思われているかまったくわからないという、不健康な力関係の産物だとは思うのですが。

どうしたらいいかわからなくて不安です。1分ごとに気持ちが変わります。彼のことは好きだし、傷つけたくないので、この話はしたくありません。彼のほうは、すばらしい関係だと言っています。

相手が自分をどう思っているかわからないと、私たちはかえって心を奪われ、いくらかでも好意を向けてもらえると、大きな喜びを感じます。一方、常に好意を受けていると、すぐにそれが当たり前になってしまいます。先ほども述べたように、「ハイ」の原因となる「ロー」の状態がないからです。その代わり、ゆっくりと着実に、より長続きする「ハイ」の状態をつくりだしているのです。

体内をアドレナリンが駆けめぐるような愛に耽溺《たんでき》している人を見ると、私は禁煙や禁酒を決意した人を連想します。依存者はたいてい2つの側面を持ちあわせています。「これは自分にとってよくないものだから」と自分に言い聞かせる分別のある側面と、衝動的で思慮に欠け、タバコや酒、ドラッグ、恋人に手を伸ばしてしまう側面です。自分にとってよくないことだ、このままでは健康を害するだけだとわかってはいても、それを改めて言葉にする間もなく、気がつけばまたタバコに火をつけているのです。意思決定のプロセスを経ずに、ただそうしてしまうのです。アルコール依存症であれば、1杯めや2杯めを飲んだときの感覚を思いだし、飲みたい気持ちに燃料を注ぎます。翌朝の二日酔いのことは忘れ、一度飲みはじめたら止められなくなることも考えずに、都合のいい部分だけを思いだし、アルコールがもたらすひどいつらさや感情の浮き沈みについては考えないようにするのです。

燃えるような恋に耽溺する人には、あなたが恋愛対象と見なす相手はあなたと相性のいいタイプではありません、とよくお話しします。パートナーを選ぶのは、カーテンを選ぶのとは違います。カーテンは、最初は素敵でもやがて色褪せます。一方、人との関係は育ちつづけます。成熟した愛とは、お互いに相手を思いやり、相手のためになることをするものであって、夢中になるだけの最初の段階とは違います。成熟した愛とは、満足を見いだすために支えあう関係なのです。

そういう愛は、耽溺するような愛とはまったく違います。受け身ではない、行動で示す愛、堅実で、献身的で、信頼できる一貫したやさしさのある愛であり、積極的に求めようという気持ちにはならないかもしれませんが、私たちに必要なのはそういう愛です。頭がくらくらするような、自制のきかない、「私たちの愛は特別だから」といった熱狂的で荒れくるう海のような愛ではなく、想像したよりもずっと深い、静かな湖のような愛なのです。子どものころの古傷が癒え、思い出に変わって、現在の愛で記憶が上書きされるほうが、何度も落ちてきた穴にまた落ちてしまうよりもいいのです。切望の罠にはまらず能動的に誰かを愛してください。長い目で見ればそのほうがはるかに好ましく、持続する可能性も高いのです。

古代ギリシャの喜劇作家アリストパネスは、愛の起源について、人間は神々によって真っ二つに断ち切られたため、誰もが自分の片割れを探し求めている、われわれはそれを見つければいいだけなのだ、と説いています。この言葉について、彼は多くを釈明するべきです。なぜなら、私たちは真っ二つに切られてなどいないし、ぴったりの片割れなど存在しないからです。

現実に役に立つことは3つあります。1つは実際に誰かと関わりを持つこと。人間関係は思い込みだけで成り立つものではありません。実際に関わりを持たないと、問題と向きあわずに空想に逃げこむことが多くなります。2つめは自分の気持ちに責任を持ち、パートナーのせいにしないこと。3つめは時間をかけること。先ほどのメールにもこんなふうに書いてありました。「より深く知りあうにつれ、関係が好転してきました」。長続きする愛とはそういうものであり、「好き、嫌い、好き、嫌い」と花びらで占うようなスリルや不安とは無縁なのです。

知っておこう

愛をただ夢中になるだけのものと誤解している人がいますが、愛とはもっと大きなものです。心をこめて相手に接することが肝心です。愛は受け身で得られるものではありません。

よりよい関係を築くために

最近、2年近く付き合っている相手がいるという70代の女性からメールをもらいました。現在のパートナーとは万事順調で長く続きそうだけれど、1つだけ問題があると言います。

私は性的なつながりを強く求めるほうです。私にとって体のつながりは大きな喜びです。あけすけな行為そのものだけでなく、相手とすべてを共有している感覚や、戯れや、心身ともにオープンになれるのが好きなのです。パートナーには離婚歴があるのですが、性的な経験がとくに豊富というわけではなさそうです。どちらかというと、性欲を抑圧してきた人のように思えます。私は前々から、性的なものを含む関係を望んでいることをはっきり伝えてきました。でもいまのところ、そうはなっていません。

彼は深刻な心疾患を抱えていて、心臓が心配なので、性的な行為のない付き合いを望んでいます。医師からは、もしED治療薬を使うようなことがあっても大丈夫だと言われているのに。私のほうは体の関係を望んでいるのだと訴えても、そっけない反応しか返ってきません。わたしの欲求を思いやってくれないのです。ほかの面では理想的な相手なのですが……。

悩む必要はないのかもしれません。たぶん別れるべきなのでしょう。でも、この点以外は、知的な部分も含め、本当に相性がいいのです。2人とも70代前半です。この年齢で相性のいいパートナーを見つけるのは簡単なことではありません。もう二度と体のつながりが持てないかもしれないと思うとひどく悲しく、恨みが募って、彼への気持ちを蝕むことになるかもしれません。

残りの人生の大半をパートナーと過ごしながら、自分の一部を殺さないために、別の恋人を見つけることも考えています。そんな状況を受けいれてもらえるでしょうか。もしかしたら……でも、たぶん無理でしょうね。

パートナーとの関係には段階があり、以下のように進むことが多いでしょう。

1．性関係がなく、一緒に住んでいるわけでもない
2．性関係があるが、一緒に住んでいるわけではない
3．性関係があり、一緒に住んでいる
4．もう性関係はないが、一緒に住んでいる

もちろん、性関係がなくならない人々もいますが、たいていは年を取ると若いときよりも性欲は減り、行為の頻度も徐々に、ときには（子どもができたときや、病気になったときなど）一気に低くなります。そうなると、2人のあいだの安心感が損なわれることもあります。そもそも相手に身体的な魅力を感じたことがきっかけで関係が始まることも多いからです。長年のうちに自然と回数が減ったのか、2人のあいだに乗り越えられない不一致があるせいで回数が減ったのかは、きちんと分けて判断しましょう。

性関係が、なんらかの形で相手より優位に立とうとする争いに発展してしまうこともあり

ます。お互いに傷つけあうような悪循環にはまり、支え合いや楽しみを大事にするよりも、どちらにより力があるかが重要になってくるのです。親密な関係だったはずが、いつのまにか優位を争うような仲になっていた、ということもありえます。ただ、こうしたことは、心理学に関心があるか、複雑な問題を抱えてでもいないかぎり、ほとんど認識されず、話題にのぼることもありません。

各自の境界線がどこにあるのか、妥協ラインをどこに置くかについて、よく話しあう必要があります。個人的には、性的な行為をしたくない人に無理強いするべきではないと思います。その気になれない人を理詰めで説得することはできません。パートナーにとってはつらく、不満もあるでしょうけれど、私たちはみな自分の責任で欲求を見きわめ、自らの体をケアする必要があるのです。

自分とパートナーにとって、性行為の持つ意味は同じだと思い込んでいる人がときどきいます。これは意識的なものではなく、無意識の思い込みであるため、話題にのぼることもほとんどありません。親密さや性交やマスターベーションに対する考え方が自分と違うと気がつくと、ショックを受けることがあるのはそのせいです。性行為をどう捉えるかは人によって違いますが、大半の人には性的な物事に関する無意識の思い込みをあえて言葉にする習慣が（頭の中だけで考える習慣さえも）ないので、自分がどう思っているかを説明するのが難しいのです。しかしお互いの言い分を理解し、相手の立場からものを見てみるのはとても大事なことです。どちらが正しいか、どちらが間違っているかという観点で問題を捉えないようにし、対話の回線は常に開いておきましょう。

残念ながら、私たちの体がピークを迎えるのは若いときで、年を取るにつれて、体から張りが失われることを嘆いたり、行為の回数が減ることを嘆いたりするようになります。しかし、だからといってパートナーを愛し理解する能力が減退するわけではありません。それに、たるんでいたり痛んだりする体でも、すばらしい行為を楽しむことができないわけではないのです——まあ、以前ほど頻繁ではないとしても。性行為だけを定期的にこなしても、それで結婚生活が維持できるわけではありません。

結婚生活を持続させるために必要なのは、相手が関心を引こうとしたときに敬意を持って応じる態度です。一方が何か言ったとき（性的な話題にかぎらず、たとえば飼い猫の話など、ごく日常的な物事について）、あるいは反応が求められているように思えるとき、そうした働きかけに応じることです。相手に敬意を示すというのは、必ずしも相手の望みどおりに行動するという意味ではありません。しかし耳を傾け、コミュニケーションを取って、自分が相手の望みを理解したことを伝える必要があります。〈ゴットマン研究所〉〔夫婦関係や家庭生活の研究で有名な心理学者、ジョン・ゴットマンが責任者を務める研究施設〕の報告によれば、結婚生活においてどちらの側も10の働きかけに対して7の敬意ある反応を受けとっているようなら、その結婚はうまくいっており、これが3未満になると、その結婚は破綻する可能性が高いそうです。

順調な結婚生活のもう1つの目印は、愛情のこもった触れ合いがあるかどうかです。必ずしも性的な触れ合いである必要はありません。互いに相手のそばでリラックスしていられるなら、考えや感情を共有しやすくなります。あまり対抗意識を燃やさないこと、相手より優位に立とうとしすぎないことも、支え合いの関係を継続させる助けになります。

長年のあいだに、カップルは多くを共有します。子育てにまつわることや、その他の思い出が蓄積していくなかで、性的な行動を通じて愛情を示す必要が減っていきます。接着剤としての性行為の役割が、徐々にほかの物事に取って代わられるのです。そういう物事が、一緒にいることを楽しいと感じさせ、関係を持続させます。結局のところ、たいていの人にとって体のつながりよりも必要なのは、そういうくつろげる関係です。気の合う相手は大切にしたほうがいいのです。

しかしそうは言っても、先ほどの相談者は、自分にとって性的なつながりは大事なのであきらめられないと断言しています。その後のメールで、彼女に別の恋人がいる状況をパートナーが望まなかったので別れた、と書いてきました。いまは新しい相手を探しているそうです。これが彼女にとってベストな決断だったかどうかは、いずれわかるでしょう。常に私が正しいとはかぎりません。

知っておこう

2人のあいだに距離ができた場合にセックスレスになることはありますが、セックスレスになることによって距離ができるとはかぎりません。大事なのは、性的なことであろうと他のことであろうと、相手が関心を引こうとしてきたときに、きちんと向きあうことです。

身をゆだねることの威力

以前、こんなクライアントがいました。自分の身に起こったことを次から次へと話してくれるのですが、常に自分が正しくて、相手が間違っていると言うのです。最初のうちは私も同情していましたが、似たような話を何度も聞くうちに、何かがおかしいと気づきました。

彼は自分の過去の話、とりわけ子どものころの話をしたがらず、自分の問題の原因は現在に、はっきり言えば「ほかの人々」にあるのだと信じこんでいました。私は、自分もいずれその「ほかの人々」の1人になりそうで怖い、と彼に言ったことがあるのですが、実際にそうなりました。あるとき、私がセッションの時間を間違えたことがあり――それはもちろん私の不注意で、悔やまれることではあったのですが――彼はそのことで私をモンスターに仕立てあげました。その後4回のセッションで私がどんなに悪いことをしたか何度も聞かされ、私はほとほと疲れてしまいました。ようやく気が済むと、またほかの人の悪口に戻ったので、そもそも最初にひどい扱いをされた相手は誰なのか、話してみるようにと勧めました。

ここに至ってようやく、彼は母親のことを打ち明けました。自分が性的な虐待を受けていると話したときに信じてくれなかったと言うのです。母親は守ってくれず、彼が自分でそういう状況を避けられる年齢になるまで、何度も何度も彼を危険にさらしたそうです。クライアントにとってこれこそが人生最大の不当な仕打ちであり、いままではつらくて向きあえなかったのです。そしていままでも虐待を受けていたときのように怯《おび》え、怒り、傷つき、自分は弱くて無力だと感じていたのでした。

彼が記憶を掘り起こしたがらなかったのも無理はありません。けれども一度思いだしてしまえば――自分が受けた虐待について考え、いまはもう大人なのだから自分の人生をコントロールできるのだと気がつくと――すべてにおいて他人を責めようとする気持ちが徐々になくなりはじめたのです。対立することが減って、うまく人と付き合えるようになり、職場でも楽に過ごせるようになりました。私がときどき何かを間違えても、悪魔のように扱われることもなくなりました。

このクライアントは過去に支配されながら現在を生きていたわけですが、これは誰にでもありうる過ちです。彼は過去の支配を振りきることを学んで初めて、他者からの影響を受けいれられるようになりました。自分が常に正しいと思うプライドを手放して、相手を信用し、身をゆだねられるようになったのです。もちろん、誰彼かまわず身をゆだねるわけではありません。ゆだねる相手は、彼の人生に愛をもたらしてくれる人だけです。

私たちを知り、愛してくれる人々にとって、私たちは大切な存在ですが、だからといって自分が他の人よりも特別な人間であると考えるのは間違いです。このクライアントは最初にやってきたとき、「自分はこのうえなく特別な人間で、常に正しい」という揺るぎない信念を持っていました。これは何世紀にもわたって人々のあいだにはびこってきた好ましくない特質です。昔はこれを〈傲慢の罪《シン・オブ・プライド》〉と呼び、オックスフォード大学では卒業生が残してきた財産で1684年に基金が創設されて以来、毎年この罪についての講演会が開催されているほどです。つまり、新しい現象ではないのです。

2022年にこのテーマで講演をするように頼まれたとき、私がその依頼を引きうけたのは、誰かと共有せずにいられないほど知恵に満ちていたからでも、人助けをしたいと思ったからでもなく、ただ仕返しのためでした。

正式な診断は受けていないのですが、私は物心ついたころから失読症で、どうやらこれは聴覚情報処理障害を原因とするもののようでした。つまり、音を聞き分けることはできるのですが、言われていることの意味を理解するまでに少し時間がかかるのです。こうした診断名が世の中に出まわる前には、私はただ、「あまり明敏でない」部類の人と見なされました。

ものを読むのが遅く、言い間違いをしてばかりで、単語のスペルも正しく綴《つづ》れないからです。大学になど、ましてやオックスフォード大学になど行ける学力はとうていなかったので、それならそういう大学に行ける人間と結婚させればいいと思った両親は、私をセントジャイルズ通りのオックスフォード＆カウンティ秘書養成学校に通わせました。失読症者を速記とタイピングの講座に送るというのは、スペルチェック機能がなかった時代においてはあまり賢明なこととは言えず、私は落第しました。

その後、学歴が不十分であったにもかかわらず、私は職に就き、心理療法士として学術論文や専門書を書いたり、ドキュメンタリーやポッドキャストやラジオ番組の司会をしたり、全国紙に毎週コラムを書いたりしています。かつては私を苦しめた言葉が、生活の糧になっているのです。しかし成功したように見えても、子どものころに「あまり明敏でない」というラベルを貼られたことで、私のプライドはいまも傷ついたままです。それで、講演者として招かれたとき、オックスフォード大学で講演をするような名誉を得るくらいなのだから、当時の私にも少しは賢いところがあったんですよと、いまは亡き小学校教師たちに言ってやりたいと思ったのでした。皮肉にも、講演の主題は〈傲慢の罪〉だったわけですが。

この傲慢の罪を現代風に言えば「過大なナルシシズム（自己愛）」だと私は解釈しています。

生まれつきナルシストだったり傲慢だったりする人はいません。そういう態度は育てられ方によって身につくのです。たいていの場合、子ども時代に自分や家族が上位の存在として扱われた経験からそうなります。反対に、存在を否定されるような扱いを受けたからこそ、それを埋め合わせようとして傲慢な態度を身につけることもあります。自己愛の強い人は自分を「最良」「最高」と見なし、特別扱いされることを望みます。

自己像への過剰な思い入れも、ナルシシズムの症状の1つです。私たちの社会ではナルシシズムが当たり前になってしまいました。物質的な豊かさが先進国であることの指標になり、富が知恵より重んじられ、悪目立ちするほうが品位を保っているよりもてはやされます。政治家も、各種機関も、文化も、ナルシシズムに染まっています。私たちは表向きのイメージにとらわれて真実を犠牲にすることに慣れきっているのです。

そうは言っても、すべてのプライドがナルシシズムと同じものというわけではありません。自分の子ども、友人、あるいは自分が達成した物事を誇らしく思うこともあるでしょう。けれども、自分の身内や自分の達成のほうがほかの人々と比べて優れていると思い込むような癖をつけるべきではありません。そういう比較をするようになるとプライドは健全なものでなくなり、ほかの誰かを犠牲にしはじめます。

他者に身をゆだねることは、傲慢さやナルシシズムへの解毒剤になります。精神科医のR・D・レインは、「対話恐怖症《ダイアフォビア》」という用語をつくりました。これは対話《ダイアローグ》に強い不安を持つ症状のことで、言い換えれば、他者から影響を受けることに対する恐怖症です。身をゆだねるというのは、この不安を手放す行為です。たとえば会話をコントロールしようとする気持ちを手放せば、相手を操るのではなく、相手から受ける影響に対して心を開くことになります。

身をゆだねるというのは、相手がどう受けとるかわからないまま何かを差しだすことでもあります。つまり、ガードを下げ、あえて無防備な状態になるのです。もしかしたら相手は、あなたが見てほしいと思うような形ではあなたを見ないかもしれませんが、それでも自分をこう見てほしい、ああ見てほしいと指図しないことです。誰かが話をしているとき、次に何を言おうかと考えるのではなく、相手の言葉が自分に影響を与えたり、自分を変えたりするのを受けいれることです。会話に身をゆだねていると、話がどこへ行きつくかはわかりませんから、どんな結果に対してもオープンでいる必要があります。それは他者を信頼し、他者のありのままの姿を受けいれることでもあります。

他者に身をゆだねることはリスクを伴い、だからこそ、それは愛の行為でもあるのです。エゴを捨て、主導権を手放し、物事はなるようになると信じることです。グループセッションの流れに身をゆだねていると、自分より大きな何かの一部になれたような感覚を持つことがあります。他者に身をゆだねるのは、個人よりも大きな何かになるチャンスを生む行為でもあるのです。これは、より強力な他者に征服されるのとは違います。そうではなく、あなたが成長することを妨げている頑なさを他者との関係の中で手放すことなのです。もちろん、身をゆだねる行為にはリスクが伴います。サメに身をゆだねれば、サメのディナーになるのがおちです。しかしいずれにせよリスクは常に存在します。身をゆだねずにいれば、誰ともつながらず、より広い世界と関わる可能性が失われるだけです。

誰かのことを自己愛が強いとか、ああだこうだと決めつけるとき、私たちは自分をその相手よりも上に見ています。では、それを避けるにはどうすればよいのでしょうか。ほかの人のことを決めつけるのではなく、自分自身の考えとして明言すればいいのです。「彼は威張り屋だ」と言うかわりに、個人的な感想として「私は彼のことがちょっと怖い」と言えば、判定《ジャッジ》するのを避けられます。「ああ、あれは上出来だったよ」と上からジャッジするのではなく、もっと自分に引きつけて「あの経験で目から鱗が落ちたよ」「あれは楽しかった」「あのときは居心地が悪かった」などと言うこともできます。

何かを良い、悪いと判定するよりも——主観的な経験を客観的な判断であるように見せかけるよりも――個人の反応として表現すればいいのです。そこには明確な違いがあります。常に実行するのは難しいかもしれませんが、やってみようと思うことに意味があります。

プライドと反対の感情、つまり恥から生じる傲慢さにも注意が必要です。たとえば、私がかつてタイピングのテストに落ちたせいで、本を書いたりコラムを担当したりするのをとりわけ誇らしく思ってしまうように、過去の傷が傲慢さを生むことがあるのです。この傲慢さにはほんの少し復讐や怒りが含まれています。かつて私が感じた屈辱を、いまは亡き教師たちにも味わわせてやりたいと思うのと同じで、そこに謙虚さはありません。まるで恥をかいたら死んでしまうと思ってでもいるかのように、私たちは無意識のうちに恥をかく可能性を最小限に抑えようとします。

しかし、ただ無意識にそういう反応をするのではなく、自分の状況や役割を誠実にじっくり考えれば、恥をかいたくらいでは死なないとわかるでしょう。心の振り子が恥から傲慢さへと大きく振れるのは、子どものころに不当に扱われた経験がナルシシズムに向かうのと同じです。プライドを手放して謙虚さを身につけるのは、コントロールしたい、ジャッジしたいという気持ちを手放して、状況や相手にもう少し身をゆだねてみることと似ています。

知っておこう

あなたを傷つけた人と長く疎遠になっていたとしても、敵がいる状態に心が慣れてしまうと、無意識に別の敵を探すようになります。他者と強いつながりを築こうとするなら、これは乗り越えるべき壁です。

自分を強く保つこと

他者とつながりを持ちたいという気持ちは人間の根本的な欲求ですが、他者とのあいだでの役割とは別に、ありのままの自分が心から楽しめる物事に興味を持つことも大切です。これはとくに、親になったときに重要です。私たちは親になったからといって、親としての顔しか持たなくなるわけではありません。きょうだい、恋人、友人の場合も同様です。私たちは石でできているわけではないのです。人間とは、もっと柔軟で変わりやすいものです。

大人同士の健全な人間関係では、各々が外の世界でも満足を得られるように、互いに支えあうのがふつうです。どちらか一方だけがケアやサポートをしているのは愛しあっている関係ではなく、一方が殉教者になっているだけの関係です。ここではっきり言っておきたいのですが、殉教者になってはいけません。自分の野心や手に入れたいもののためには仕方がないと思うかもしれませんが、それを叶えることと、幸せな関係を保つことは両立しうるのです。

若くして結婚した女性からメールをもらいました。夏の嵐のような恋の直後に結婚し、当時彼女は17歳になったばかりで、夫は21歳でした。これこそ人生最大の恋愛だ、彼のおかげで自分を発見できる自由な世界が広がった、パーティーをしたり街なかでたむろしたりして、おもしろい人とたくさん知りあうことができた、と感じていたそうです。

あれから二十数年が経ち、すでに子どもが2人いて、いまここで人生を振り返ると、あの夏の恋を思って切なくなります。幸せだったあのころに戻れたらどんなにいいか。現実には、気づけば後悔でいっぱいで、心の奥で恨みがましい気持ちがくすぶっています。

私たちには友達もいなくて、孤立して暮らしています。人付き合いにはお金がかかるし、ここ15年は私の収入だけで暮らしているので、交友関係も犠牲にするしかありません。以前は仕事が逃げ場になっていて、家族以外の人と接することのできるいい機会だったのですが、パンデミックが始まってからは在宅で働くようになり、いまもそれが続いています。

こうなってみて、もう夫と一緒にいることに耐えられないと気づきました。いまも心から愛してはいるのですが、そばにいることに我慢がならないのです。もっといろいろなことを自由にやりたいのです。夫は私を家に縛りつけ、私が彼に尽くすことを望んでいます。

パートナーとはどうあるべきかについての考え方が、私と夫ではあまりにも違いすぎて、どんなに話しあっても、私の気持ちを説明しても、夫がどう感じているかを理解しようとしても、何ひとつ変わりません。

もう一緒にやっていくのは無理かもしれません。夫を失いたくはありませんが、1人の人間としての私の不幸はいつまで続くのでしょう？　大人になってからのすべての人生を夫に捧げてきました。彼のニーズを満たし、彼を幸せにしてきました。私自身はいつ幸せになれるのでしょうか。

これは、最初に一方が「年上で賢明な人」の役割に収まった場合によくあるパターンで、もう一方はパートナーを喜ばせようとして自分を曲げ、自分の望みやニーズを、ひいては自分自身を見失ってしまうのです。気持ちはわかります——絆はかけがえがなく、家族がいるという安心感は計りしれないものです。しかし、相手の望みどおりの人間になろうとして自分を見失ってしまうと、やがては孤独や絶望に苦しむようになります。相手と一緒にいるときにも、あるべき姿ではなく、ありのままの姿で過ごす必要があるのです。それができないと、支えのない、孤立した状態に陥るリスクがあります。自分とじっくり向きあうことを覚えれば、罪悪感を手放せます。自分自身をもっと意識するようになれば、自分のニーズを見きわめられるようになります。

ごく一般的な提案としてお勧めするのは、1つの人間関係を超えた、より大きな視野で自分の人生を捉えることです。友情、仕事、その他の興味について考え、自分の望みを知る余地があったかどうかを振り返るのです。私たちの社会ではよく、唯一無二の正しいパートナー、あるいは「運命の人」を見つけるのがよいことのように言われますが、人は集団の中にいるほうがより簡単に幸せになれるのではないかと私は考えています。1人の人間が持つさまざまなニーズを、パートナーが1人ですべて満たそうとするのは無理があります。1つの関係から得られるものは、複数の人間関係から得られるものとは違います。また、1つの人間関係にすべてのエネルギーを注ぎこむのは、その相手に過度に依存することにもつながります。

他者に順応できるというのは1つのスキルです。順応の度合いを高く設定する必要がある人もいれば、低く設定する必要がある人もいます。もしあなたが相手に完全に順応し、自分自身の感情よりも相手の感情を理解することのほうに多くの労力を注ぐなら、あなたという人間は抜け殻になってしまうでしょう。そうなると、相手と関係を築くことができなくなるだけでなく、あなた自身が自分と対話することも難しくなります。

本当の自分との強固な関係を保つためには、他者とのあいだに境界線を引くことが肝心です。勘のいい相手なら、あなたの境界線を察知し、それを越えないように最善を尽くそうとするでしょう。その場合には、あなたが我慢できること、あるいは我慢するつもりのないことをあえて主張する必要はありません。私たちはふつう、恋愛関係であれ、その他の人間関係であれ、誰かと関係を築くときに条件を提示したりはしません。たいていは、どうすれば互いに相手の足を踏みつけずにいられるか、無意識のうちにわかっているものです。しかしときには、境界線をはっきり示すことが必要な場合もあります。

その場合にはどこに境界線を引くかを決め、それを明示しなければなりません。誰かとのあいだに境界線を引くときには、自分の限界をよく理解しておく必要があります。境界線が引けたら、厳しく告げる必要はありません。なぜ自分にそれが必要であるかを穏やかに説明すればいいのです。ただし、その境界線をゆるがせにしてはいけません。相手とのあいだにはっきり線を引くのは、とくにあまり実践したことのない人にとっては、難しく感じられることもあるでしょう。自分の中で無意識のうちに条件付けされた多くのことを克服しなければならないからです。

たいていの人は、従順であることを求められながら成長します。相手に対してある程度従順であるというのは、互いに敬意がある場合にはかまわないのですが、そうでない場合には、敬意に欠けているほうに不当なアドバンテージを与えてしまいます。あなたが本当に大切にする必要のある相手はあなた自身であり、あなたの望みを無視しようとする相手ではありません。以前、私のコラムの読者が、「もし罪悪感か、恨みか、どちらか一方を選ばなければならないなら、罪悪感を選ぶ」というコメントを残していったことがありました。賢明な言葉です。私からも同じことをお勧めします。罪悪感のほうがましです。

恋に落ちると、私たちは相手を信頼し、ある程度相手に身をゆだねようとします。それはごく自然なことです。それが恋に落ちるということなのです。2人の関係は対等で、相互的なもので、概して楽しいものであるはずです。しかし、一方だけが身をゆだねた状態になると、「威圧的支配」が生じる危険があります。女性保護団体では、被害者を傷つけたり、罰したり、怖がらせたりする目的で用いられる暴力、脅迫、侮辱、威嚇その他の虐待行為はすべて威圧的支配であると説明しています。

私たちはこうした虐待の兆候を敏感に察知するべきですが、こうした虐待は当事者の力関係の表れであり、具体的な行動としてリスト化できるものではありません。一方が他方の行動を支配しようとする意図によって害を及ぼすとき、それはさまざまな形を取って表れます。たとえば、パートナーが怒りだすことを怖れてある特定の服を着なくなる、というのもそうです。こうした支配関係はカップルにかぎらず、家族や友人とのあいだでも生じます。

相手から支配されていると、精神の安定が損なわれ、身動きが取れなくなっていきます。一番よく会う相手は自分を映し出す鏡のようなものであり、その相手から受けとる鏡像がゆがんでいると、私たちの自信や心の安定は損なわれていきます。そしてそういう状態が続けば続くほど、そこから抜けだすのが難しくなります。こうした威圧的支配は非常に危険です。もし思いあたることがあるようなら、助けを求めてください。行動を起こすには計画を立て、その計画を一歩ずつ実行に移すことをお勧めします。身の安全が確保できるまで、自分の行動を相手に伝えてはいけません。

あなたは誰かほかの人のためだけに生きているわけではありません。ありのままの自分でいること、自分のために生きることもできるのです。境界線を引き、もっと自分のニーズを満たし、自分の目標に向けて手を伸ばせば――自分自身を知り、尊重し、愛することができるようになれば――周囲の人々も変わり、あなたを愛し尊重するようになります。他者から賛同を得られなくても、自分の望む人生を選べるようになれば、他者との関係においてもより大きな満足や親密さを得られるようになるのです。その結果、気がついたときにはより強固で信頼できる人間関係が生まれているかもしれません。

メールをくれた女性の話に戻りましょう。彼女は、たとえ夫の賛同が得られなくても、自分の望みどおりの人生を送る自由を行使すればいいのです。実際、そうしたほうがいまよりも夫に対する苛立ちは減り、共感できるようになるでしょう。夫のほうも、妻が彼女自身のニーズを満たすようになったからといって、彼の世界が崩壊するわけではないと気づくかもしれません。人とのつながりは重要であり、私たちには多くの人とのつながりが必要です。大勢の人と、より広い世界が必要なのです。

もし誰かから何かを変えてはいけないと言われたり、望まない人生を送ることを強いられたりしたら、そこから抜けだす必要があります。ただ賛同してもらえるのを待っているのではなく、待たずにとにかく行動するべきです。それでもあなたのもとにとどまるか、出ていくかは、相手が決めることです。私は相手を説得する方法を提案するつもりはありません。それはたいした問題ではないからです。本当に大切なのは、あなた自身がやりたいようにやることです。恨みをくすぶらせながらとどまるよりも、最良の人生を送れる道へと踏みだすことです。あなたが幸せになるときは、いまです。

知っておこう

罪悪感か、恨みがましい気持ちか、どちらかを選ばなければならない状況になったら、罪悪感のほうを選びましょう。それであなたの世界が崩壊することはないと、いずれわかるはずです。

人間関係を築くための「正しい方法」などというものはありません。意義のある強固なつながりを築く方法は、人の数だけあるのです。いかに人間関係を形づくるか、すでにある人間関係が自分にどのような影響を与えているか、もしかしたら変えたほうがいいことがあるのではないかといった問題を改めて考えるとき、この章で紹介した事例がきっとヒントになるでしょう。

誰かが個人的な悩みを抱えているとき、一見、人間関係に由来するもののように思えなくても、もう少し深く掘り下げてみれば、たいていはやはり人間関係の問題だったとわかるものです。人は他者との関係の中で形づくられるため、不安、抑鬱、被害妄想といったものも、関係の中で生じることが多いのです。人間関係をうまく機能させ、安定させれば、私たち自身もバランスを保っていられます。

人間関係で悩みを抱えているとき、相手に問題があると思い込むのは簡単です。しかしたいてい、問題は相手と自分の双方にあり、その相手との関係は思っているほど強固ではないのです。対立が起こった場合、簡単に解決できるとはかぎりませんが、対立は人間関係を築くうえで必ずついてまわります。次章では、対立への対処について考えていきましょう。

第2章

How We Argue

議論する

私生活や職場の
人間関係に対処する

他者とのあいだ、そして自分自身とのあいだによりよい関係を保とうとするとき、議論や課題は必ずついてまわります。そういう厄介な場面をうまく切り抜けるために、反対意見を控える必要はありません。物事の受けとめ方は人によって違うので、どんな人間関係にも衝突はつきものです。どれほど似ているように見える2人にも、それぞれに独自の経験や物事への取り組み方があるものです。同じ状況に居あわせても、全員がそれを同じ経験として捉えることはなく、感じ方が異なるからといって、その人のものの見方が正しい、または間違っているということではないのです。

しかしそれでも、つらい思いをしなくてすむように、パートナーや友人、家族、同僚とのあいだに生じた衝突や誤解に対処する方法はあります。私たちが口論したり、過剰適応したりするのはどういうときかを理解し、衝突するときの感情の昂りがどこから生じているのか意識することで、よりオープンに、思いやりを持って問題に取り組むことができるようになり、最後には堅実な解決に到達できます。

人はさまざまな事柄についてそれぞれに異なる方法で議論をしますが、大まかに見て、いくつかのパターンがあります。この章を読むに当たって、自分が一番身に覚えのある議論のタイプはどれか、意識してみてください。一方が正しく、もう一方は間違っていると考えるせいで、袋小路にはまり込んでいませんか。あるいは、衝突を避けるために、本当は大事なことをどうでもいいことのように受け流していないでしょうか。感情に耳を傾けることなく、事実やロジックだけに頼っていませんか。もちろん、複数のタイプの混合型もありえます。1つの議論が起こるときには、いくつかのモデルの組み合わせであることがほとんどですが、大まかなパターンを知ることで、自分をよりよく知る一助となるはずです。

その1　考える人、感じる人、行動する人

私たちにはそれぞれ主要な（あるいは、好みの）対処法があります。それがわかっていると、他の人の経験を理解しやすくなるかもしれません。対処法にはふつう、考える、感じる、行動する、という3つがあります。トラブルから抜けだす方法を考えることが好きな人もいます。まずは自分がどう感じているかを探る人もいます。いきなり行動に移す人もいます。この3つの対処法はドアのようなものだと思ってください。そしてどのドアが開いているか、どれが閉じているか、どれに鍵がかかっているかを知る必要があります。

主要な対処法が異なる2人の場合、一緒に問題に取り組むときに、たいてい意見の不一致

や議論が生じます。ある女性から次のようなメールをもらいました。彼女の夫が脳卒中の発作を起こしたあとに書かれたものです。

夫は60代の科学者で、どんな問題も頭で解決することに慣れているのですが、歩行機能を回復するためには懸命に体を動かさなければなりません。病院では車椅子、自宅では歩行器を使い、いまは杖をついて歩いています。けれども、夫はリハビリの成果がゆっくりとしか表れないことに苛立ち、リハビリから逃げることばかり考えて、健康を取り戻すために体を動かそうとしません。

最近の私は運動をするようにと夫にガミガミ言ってばかりで、妻というより母親のような気分です。夫が私と同じ気持ちになってくれないので、気づくと腹を立てたり恨んだりしています（以前からこうだったのに、よりによってなぜいま期待してしまうのか、自分でもよくわからないのですが）。夫とのあいだにずいぶん距離ができてしまったように感じています。

もっと思っていることを言ってほしいと伝えてはいるのですが、夫は聞く耳を持ちません。そうなると、私のほうが罪悪感を覚えます。つらいのは夫なのに、その当人を悪く思うなんて。私たちはどちらも消耗を強いられています。夫は完全に回復できる見込みではありりますが、それには時間がかかるのです。

メールを読むと、彼女の夫は「思考」のドアが開き、「行動」のドアは閉じ、「感情」のドアには鍵がかかった状態なのだと思います。一方、彼女のほうは、「感情」と「行動」のドアが開き、「思考」のドアが閉じた状態です。夫との衝突を、彼女は「腹を立てたり恨んだり」という言葉で表現していますが、これは異なるドアが開いている結果です。つまり、2人の対処法が異なっているだけなのです。

私たちは困難な状況に陥ると、愛する人に自分と同じであってほしい、自分と同じ反応をしてほしいと思います。しかしこの女性の夫はいま、自分なりのやり方で問題に対処するだけで精一杯で、妻と同じやり方をすることなどとてもできそうにありません。人はみなそれぞれに異なり、差異があるからこそ他者に惹かれます。人には、自分にない他者の資質に感心したり引きつけられたりする傾向がありますが、非常時には相手が自分と同じでないことに苛立ちを覚えるのです。家族の病気や職場での難題といったトラブルが起こると柔軟性をなくし、自分のやり方にこだわりたくなるのは当然です。非常モードに切り替わると、自分独自のマインドセットのまま硬直し、状況をほかの人の立場から眺めることができなくなるのです。

先ほどの例に戻りましょう。ひとたび夫の主要な対処法を理解すると、メールの女性は夫の行動のドアを押しあけるために、思考のドアを使ったアプローチを用いることができるようになりました。医療の専門家に頼んで、歩行機能の回復に必要な新しい神経経路は運動を通して形成されると説明してもらったのです。夫が思考を通して行動に移れるようにしたわけです。

病気の人や困っている人を見ると、私たちはたいていアドバイスをしたり、自分がすべきだと思うことを話したりします。自分の言うとおりにすれば、あるいは自分と同じ見方をすれば、状況はすぐによくなるのにと思えるのかもしれませんが、相手が感じている脆さや苦痛、不満、無力感を、心から思いやっているわけではありません。相手と一緒につらい思いをしたくないから、代わりにアドバイスをするのです。

しかし、アドバイスを押しつけられるほうの身になってみると、決めつけられ、押しやられたように感じます。そうではなく、たいていの人は共感し、理解してほしいのです。こう考えてみてください。もしあなたの飼い犬が車に轢《ひ》かれたら、リードの握り方をアドバイスされるよりも、飼い犬を失った悲しみを思いやってもらいたいのではないでしょうか。共感するというのは、ネガティブな感情だからといってはねつけたり、癒やそうとしたりするのとは違います。相手が感じているように自分も感じてみることです。これは常に簡単にできるわけではありませんし、相手の感じ方があなたと異なる場合には、さらに難しくなるでしょう。先ほどの例では、夫のほうは感情を共有することに苦労し、思考を共有することしかできなかったのです。妻が衝突を回避できるようになったのは、夫の身になって考え、苦労を理解したからです。

ぐずぐず言ったり泣いたりする子どもに苛立ち、激怒する親をよく見かけます。子どもの感情が引き金となって自分自身の子ども時代の傷を思いだしたり、子どもを泣きやませることさえできない恥ずかしさを認めたりするよりも、怒るほうが簡単だからです。親にとっては、子どもに共感し、受容するよりも、怒ったりえらそうにしたりしているほうが楽ですが、それでは子どもが問題を切り抜ける助けにはなりません。大人が相手でもそうです。たとえば風邪をひいたとか気分が悪いと言うと、求めている同情よりも、風邪薬やビタミンC、ハチミツとレモン、鼻洗浄などについてのアドバイスを与えられるだけで、結局は慰められることもないまま相手から一段下に見られたように感じて終わることが多いのも同じ理由です。

自分が何をどう感じるかは100パーセント自分の責任だと言っているわけではありません。当然、他者の言動に対する反応として何かを感じることはありますし、その中には好ましくないものもあるでしょう。しかし、だからといって完全に他者のせいということもないのです。困難や衝突の中でそれぞれの立場を見きわめ、相手の対処法が自分とは異なるという事実を受けいれることが、問題を理解し、解決へ向けて取り組むときの大事な最初の一歩なのです。

知っておこう

問題への対処法にはおもに「考える」「感じる」「行動する」という3つがあります。あなたの大切な人がつらい思いをしているときには、相手の対処法の理解に努め、自分で一からなんとかしようとするのではなく、相手の身になって考えることが大事です。

その2

「悪いのは私じゃない！」という思い込み

人間関係の問題に直面したとき、問題があるのは相手のほうだと思い込み、自分はただの傍観者であるかのようにふるまう人は大勢います。相手がどんなにひどいかをあれこれ考えるほうが、自分側の原因を探るよりも楽だからです。相手に気持ちを集中すれば、自分の感情や自分の欲求からは目を逸《そ》らしていられます。次に紹介する中年男性からのメールは、その典型的な一例です。彼は自分の結婚生活について、以下のような控えめなメールを書いてきました。

妻と私はともに51歳で、結婚して30年になります。妻は更年期の真っ最中で、私はできるかぎりサポートしようと努めています。昔から、妻が助けを必要とするときには敏感に反応してきたつもりです。生理痛、陣痛、産後鬱、3年にわたる拒食症など、これまでにもいろいろありましたが、更年期障害についても調べられるかぎりのことをすべて調べました。妻のことは心から愛していて、以前と変わらず魅力的だと思っていますが、彼女がいま求めているのは性的な親密さではないと思うので、それは尊重しています。

私たちの性生活はずっと不規則でしたが、私はいまでも妻を求めていますし、彼女がその気になったときには、また親密な仲に戻りたいのです。妻以外の女性は望まないので、欲求には自分だけで対処しますが、これには10代のときのような後ろめたさが伴います。いずれ妻と男女の関係に戻れると、希望を持っていてもいいものでしょうか。体のつながりがまったくなくなってしまうなどということは、とても受けいれられません。


私から見れば、問題を抱えているのはこの男性のほうです。妻はセックスレスでかまわないと思っているのに、彼は妻のほうが問題を抱えていると思っています。実際のところ、この男性は自分に問題があることを認めず、すべてを妻のせいにすることに慣れているようです。彼の問題は、たとえば、51歳にもなってまだ性欲を自分一人で満たすことに罪悪感を覚えるような育てられ方をしたところにもあるわけですが。

それから、「きみがぼくに合わせるべきだ」というような、妻を「直そう」としているところもあり、妻のほうもそれを察知していると思われます。彼がこんなふうにいろいろと調べ、分析を待つサンプルであるかのように――関係を築くべき相手ではなく、正解を出すべき問題のように——接するのを、妻のほうは子ども扱いのように感じているかもしれません。これは彼女が夫に性的魅力を感じなくなる原因にもなりえます。決めつけられて喜ぶ人はいないので、そういうアプローチは2人のあいだの距離を広げます。

自分が問題をどう感じているか説明しようとするときに、相手のことを言うのはやめましょう。自分なりの言葉を使ってほしいので、ここで私が特定の言葉を示すのは避けたいのですが、相手のそばにいてあなたがどう感じるか、2人の関係をどう改善したいかを伝えましょう。たとえば、「彼女はむかつく」とか「彼は私の話を聞いてくれない」などと言うのではなく、スイッチを切り替えて、「私はいらいらする」「話を聞いてもらえていないように感じる」と言いましょう。こうやって責任の所在を自分側に移し、相手があなたの望みどおりの行動をしてくれないからといって相手が悪いわけではないのだと、しっかり認識しましょう。そういう癖をつけておけば、相手を責めることなく、自分の反応に責任を持てるようになります。

人間関係がうまくいかない原因が自分にあると認めるよりも、相手に直すべきところがあると見なすほうがはるかに簡単です。だからもし、あなたがどの集団にいても同じ思いをしているようなら、問題は周囲ではなく自分にあるのだと考える必要があります。もしかしたら、本当にあなたではなく、まわりが悪いこともあるかもしれませんが、悪いのは常にまわりで、絶対に自分じゃないと思うようなら、おそらく原因はあなた自身にあります。ここで次の例を見てみましょう。女友達と長続きしない女性の話です。


子どものころからずっと、女友達が突然自分のそばからいなくなる経験をしてきました。どうして女友達がみんな私のそばから消えていくのか、頭を絞って考えつづけています。突然捨てられるような悪いことをしているとはどうしても思えません。それどころか、彼女たちが厄介な状況にはまりこんだときにはいつも支えてきました。男友達は大勢います。いなくなるのは女友達だけです。

　私自身の理想は高く、女性の自立についてはいろいろと持論がありますが、友達の人生に関して否定的なコメントをしたことはありません。あなたはとても賢明で、魅力的で、おもしろい人だと話し、いつも励ますようにしています。もしかしたら、彼女たちは私を妬《ねた》んでいるのでしょうか。

　自分の態度をどんなふうに変えたらいいのか、まったくわかりません。

同じことが起こりつづけているなら、問題はおそらく彼女自身にあります。同じパターンをくり返しているということは、彼女が意識できていない部分で何かが起こっているのです。彼女は意図的に悪いことをしているわけではありません。もしあなたも似たような状況にあるなら、問題の解明が必要です。この女性のように、片方の性別の人間関係に困難を感じる人は大勢います。セラピーでは、女性との人間関係に問題を抱えているクライアントには子どものころの母親との関係について、男性とのあいだに問題を抱えている人には父親との関係についてたずねることにしています。そうすると、親との関係がその後の人間関係の設計図になっているのだとわかることがあります。

このケースでは、メールをくれた女性は、「女は噂《うわさ》話が好きで陰口をたたく」「女は弱い」などという古くさい「伝説」を聞かされて育ったのかもしれません。これと対照的に、「男は率直だ」「男は強い」などという言葉もよく耳にします。女の子も男の子も、こうしたメッセージを内面化します。社会ではいまだに男性に重きが置かれることが多く、女の子が「男の子の一員としてやっていける」と言われれば、それは褒め言葉として受けとられ、その子はほかの女の子に対して優越感を抱きます。

この女性の書きぶりからは、彼女が友人たちと相互に支えあっているような印象は受けませんでした。たぶん、彼女は言外に「私みたいになりなよ、そうすれば私の持っているものが手に入るよ」と伝えているのでしょう。これが相手には、「あなたのままじゃだめなんだよ、私になりなよ」というメッセージに聞こえたのかもしれません。もしかしたらこの女性は、男性のことはあるがままに受けいれられるのに、女性は変わる必要があると思っているのかもしれません。あるいは、無意識のうちに自分が優位に立てる相手を選んで友達にしているのでしょうか。彼女の内面に刷りこまれたミソジニー（女性蔑視）が、まわりの人に察知されている可能性もあります。

原因は、おそらく彼女の幼いころの環境にあります。ここでいいニュースがあります。私たちは他者を変えることはできませんが、自分がどう反応するかは選べるのです。反応の仕方を変えれば、はまりこんでいる状況も変化します。他人をコントロールすることはできません。コントロールできるのは自分だけです。だからもつれた人間関係を解きほぐしたいと思うなら、自分の行動を変える必要があります。相手がどれほど苛立たしいかということだけに気持ちを向けていられれば楽ですが、それでは相手との関係を改善することはできません。それよりも、自分のどの言動が問題を引き起こしているかを考えるほうがいいのです。そうすれば、きっと違うパターンが――もっと有益な、愛のある人間関係が――見つかるでしょう。

知っておこう

私たちが責任を持つべきなのは、他者ではなく自分自身の行動です。何かを変えたいと思ったら、自分を変えるしかないのです。他人もそれに反応して変わるかもしれませんし、あるいは変わらないかもしれませんが、それは自分にコントロールできることではありません。

その3 善人vs悪人

口論の最中に、自分は善人で相手は悪人であるかのように思うのはよくあることです。当然、私たちはそれに見あう証拠を集めます。自分の直感の裏づけとなるエビデンスだけを選り集めて反感を膨らませ、自分の見方を肯定してくれる人に向かって大げさに言いたてるのです。そうやって自分が正しいような気になり、もっと悪くすれば独善的になって、ネガティブな色眼鏡で相手を見ます。これで相手はすっかり悪役です。こういう、「私は正しくて、あなたは間違っている」ことを決する試合のようなやりとりは、子どものいるカップルが離婚しようとするときや、職場で意見が一致しないとき、家庭内で家事の分担を話しあうとき、友情がこじれたときなど、さまざまな局面で見られます。

自分が正しいと思いたいのは、人としてふつうのことです。間違いには恥や罪悪感が伴い、断罪されることもあるので、できれば避けたいのです。しかし、自分は正しい、自分は善人だと思いたい気持ちのせいで対立のループにはまり、解決への道が閉ざされてしまうことはよくあります。狭い場所に閉じこめられ、鬱憤だけがたまって、自分も相手も変わることはなく、かといって出ていくこともできないような状態です。以前、機知に富んだ人がこんなことを言っていました——「常に自分が正しいと思うのはべつにかまわないし、結婚するのもかまわない。ただしその2つは両立しない」。これはどんな人間関係にも言えることです。

最近、家族の不適切な発言をめぐって口論になったという若い男性から、次のようなメールをもらいました。

家族で食事をしていたときに、1番上の姉が外国人を差別するようなジョークを言いました。ぼくは思わず、姉さんは差別主義者だ、そんな人とは同席したくない、と言いました。姉は怒って、私は差別主義者じゃない、さっきのジョークはほんの言葉遊びだ、と言い返してきました。ぼくは気分を害してはいたものの、そんなことで1日を台無しにしたくなかったので、説得されるままに居残りましたが、それ以来、姉とは口をきいていません。母からは、家族の集まりにはしばらく来ないほうがいいと言われました。

子どものころは仲がよかったので、幼いころによくあるきょうだい間の競争心を、いまも引きずっているようなことはないのですが、最近では母や姉とのあいだに根本的な違いがあるように思えます。要するに、ぼくは都会で暮らし、読んでいるのも大手一般紙の〈ガーディアン〉だけれど、母や姉は田舎暮らしで、読んでいるのもタブロイド紙の〈デイリー・メール〉なのです。それでもふだんは仲よくやっているので、この亀裂を埋めたいのですが、どうしたらいいかわかりません。

社会を構成する一員として、私たちは公共の場でも、こういうプライベートな場でも、互いに助けあう必要があります。マーガレット・サッチャー元首相は「社会などというものは存在しない」と発言しましたが、サッチャーがどう言おうと社会は存在します。偏見に対して声をあげるのは、ヘイトに対する解毒剤であり、社会の助けとなる行為です。だからこの男性はよいことをしたのです。

問題のジョークをここには書きませんが、確かに差別的なものでした。しかしそのジョークが不快であろうと無害であろうと、この若い男性の問題はそこではないのです。本当の問題は、彼が姉に対して声をあげたこと自体ではなく、そのやり方にあります。自分は正しい、大勢の人が自分の意見に賛成してくれるはずだと思うとき、人は容易に優越感を抱き、独善的になります。私たちは、とりわけ年上のきょうだいに対しては、自分のほうが賢明であることを示したいと無意識のうちに思っています。子どものころに大の仲よしだったとしても同じです。この男性は自分がリベラルであることを証明しようとするあまり、自分や姉を左派だの右派だのと色分けするような間違いをおかしているのです。しかし人はそれほど単純なものではありません。

彼がここに至るまでにたどってきた道を想像するに、育てられたときとは違うものの考え方をどこかの時点で身につけたのでしょう。だからこそ、あの「ジョーク」が不快である理由を姉はわかっていないのかもしれないと考えることができたのです。彼女は悪気があったわけではなく、おそらくあまり深く考えていなかったのでしょう。マイノリティの人々が型にはめられ、侮辱され、不当に扱われることにどれほどうんざりしているかなど、きっと考えたこともなかったのでしょう。

こんなふうに、相手の観点からものを見る必要があります。相手の背景を考慮せずに、いきなりモラルの高みから他者にラベルを貼るのは、自分を「善人」、相手を「悪人」に仕立てるのと同じです。ジョークにラベルを貼るのはかまいませんが、人に貼ってはいけません。ラベルを貼られたり、人前で糾弾されたりすれば、誰だって侮辱されたような気持ちになるもので、そうなれば意見を聞いたり受けいれたりすることはまずないでしょう。否定したり、自分を守ろうとしたりするはずです。この男性のケースでは、それで啓発の機会が失われてしまいました。とても残念なことです。

では、代わりにどうしたらよかったのか。私なら、自分がそのジョークをどう感じたか伝えればよかったのだと彼にアドバイスします。こんなふうに言えばよかったのです。「言葉遊びとしてはおもしろいけど、もし自分の家族がその人たちと同じ地域の出身だったら、ぼくは悲しくて腹が立って、ぜんぜん受けいれる気になれないだろうから、自分ではそういうジョークは言わないよ。そのジョーク自体にはほとんど害もなくて、小さな切り傷をつけるだけかもしれないけれど、小さな傷もたくさんつけられればひどい怪我になる」。次のように言い添えることもできるでしょう。「ぼくは姉さんがいい人だって知ってるけど、知らない人がそのジョークを聞いたら、差別主義者だと思うかもしれないよ」

差別的なジョークを口にするのはよくないことです。一方で、深く考えずにそれを口にした姉を攻撃するのもよくないことです。よくないことを2つかけあわせても、正しい結果は生まれません。対立のループにはまったと感じたら、一方がよくて他方が悪いという構図を真っ先に捨てるべきです。

知っておこう

自分の意見を伝えるときには、謙虚になったほうがかえって自信が持てるものです。主張を通そうとして威圧的な印象を与えることもありません。

さらに詳しく説明するために、次の例を見てみましょう。婚約中の若い女性からメールをもらいました。結婚を間近に控えてわくわくする気持ちも、パートナーとの結婚生活への期待も、パートナーの家族とうまくいかないせいで台無しになってしまったと言います。珍しい話ではありません。義理の家族との衝突をなんとかやり過ごそうとする人からのメールはよく届きます。

パートナーの母親が本当にストレスのもとです。私たちの結婚式について、私が決めたことをすべてはねつけるのです。そのせいで彼女を喜ばせるだけのために、つまらない会場を選ぶはめになりました。それに、パートナーと私は軽食を出すために会場にキッチンカーを呼びたかったのに、彼女は外国の食べ物が「大嫌い」だと言うのです。それでどうしたと思います？　地元の寄宿学校の料理人に頼んだのです（メニューもひどいもので、ぱさぱさのハムサンドでした）。

新型コロナウイルスの流行によって、当初の予定どおりの挙式はできませんでした。彼の家族に我慢しなくて済んで、私としてはかえってありがたかったのですけれど。パートナーはいまでも式を挙げたがっていますが、彼の両親が出席するなら私はいやです。いっそ駆け落ちしてしまいたいくらいです。彼のことは心から愛しているので結婚はしたいのですが、両親が出席しない結婚式なんてだめだと彼は言います。彼の母親や姉妹は、彼を盗んだと言って私を責めました。これには傷つきました。絶対に許せません。彼が家族の行事に参加するのを邪魔したことなど一度もないのに。あの人たちを変えることはできないのだから、受けいれて仲よくしてほしいと、彼は言います。悪いけど、無理です。花嫁の私がどう思うかなんて誰も気にかけてくれません。完全に行き詰まりです。

世界が安全でないように感じられるとき、私たちは敵を探します。そして敵が見つかると、主導権を取り戻そうとするのです。そうやって感情を昂らせているときには、自分が正しいと思いたいがために、間違っているように見える人を必要とします。他者をジャッジするのではなく、受けいれ、理解しようとすると、なんとなく損をしているような、負けを認めたような気持ちになるかもしれません。しかし、決してそんなことはないのです。

自分が他人の行動をどう解釈しているかに気がつくと、比較的現状を受けいれやすくなります。口論の最中に、状況を俯瞰《ふかん》してみましょう。闘おうとしている自分を上空から見おろし、中立を保つのです。何か気がついたことはありますか。どちらが正しい、どちらが間違っているという視点から距離を置いて、バトルの様子をただ上から眺めてみましょう。そうやって距離を保つことで、この場面で自分がどういう役割を演じているかがわかるはずです。どんなふうに見えますか。人々は何を怖がっているのでしょう。そしてその不安にどう対処しているのでしょう。怖れているものに違いはありますか。それとも似たようなものを怖れているのでしょうか。おそらく、人それぞれに感じ方が異なり、みな自分なりのやり方で対処しているはずです。ほかの人々の感じ方にも自分の感じ方にも興味を持つようにしましょう。

「どうして私ばかり、相手の気持ちを思いやらなければならないのか。なぜ向こうがこちらを思いやってくれないのか」と思うかもしれません。しかしそこは必ず、自分でなければならないのです。あなたがコントロールできるのは自分だけだからです。あなたが行動を変えれば相手の行動も変わるかもしれませんが、絶対にそうなるとはかぎりません。相手の言葉をすべて自分への攻撃であるかのように解釈することも、なんの助けにもなりません。仕返しをしたくなるだけです。

若い花嫁の話に戻りましょう。私なら、「彼が家族の行事に顔を出すのを邪魔したことなど一度もないのに」と思うよりも、「彼の家族にしてみれば、こんなに素敵な人と疎遠になってしまうかもしれないと思えば、不安を感じるのも当然だ。向こうの家族にとってもすごく大事な人なのだから。ときには彼を譲らなければ」と考えることをお勧めします。

他者の行動を頭から否定するのではなく、肯定的に見るように意識すれば、そこから違う意味を読みとれるでしょう。たとえば、もうすぐ花嫁になる別の女性が、似たような問題を書き送ってきました。未来の義母が結婚式のためにいっさい手を貸してくれなかったので、ずいぶん身勝手な人だと思ったそうです。しかし義母がそのように一歩下がっているのは、身勝手というより、2人の邪魔をしたくないのだと解釈することもできます。自分に向けられる言動の背後にどんな感情があるかを探り、共感しようと努めることが肝心です。

実際の対処方法としては、相手がどういう人なのか、どんな育ち方をしてどんな人生を送ってきたのかをじっくり想像し、相手の言動をその文脈の中で捉えてみるといいのです。口論している相手と同じように椅子に腰かけ、自分が相手の体内に入りこんだようにイメージして、ああいうふうに座るとどんな感じがするだろうと想像してみるのです。それから、自分が相手と一緒に座っているところを思い浮かべてください。「私は○○（相手の名前）で、いまは私と一緒に座っている。相手の中に入った私は、私をどう感じるだろう」。こんなふうに言葉にしてみるのも、その役にうまく入りこむ助けになります。自分が相手だったらどんなふうか、何を感じるか想像し、それを相手と一緒に感じてみてください。

正反対の位置にいる2人の人間が妥協点に達するためには、互いに譲り、譲られる必要があります。いつでもすんなりできるとはかぎりません。他者を受けいれるのは、必ずしも簡単なことではないからです。しかしそれが前へ進むための唯一の道なのです。

知っておこう

相手の行動の意味を考えるときに、自分がそれをするときと同じ意味があるはずだと思ってしまうのはよくある間違いです。他人の行動には、また違う意味がこめられているのです。

その4

事実vs感情

人と人との衝突は、事実関係をめぐる争いより、気持ちの問題で起こるほうがはるかに多いものです。口論の中心にあるのは感情なので、自分をどう見るか、相手をどう見るかについては、たいていの人が認識を変える必要があります。私たちの考えは思ったほど理詰めで組み立てられているわけではありませんし、理屈で争いが解決することもほとんどありません。お互いの気持ちを理解したときのほうが、ずっと簡単に解決します。もちろん、ときには感情より事実が優先されることもありますが、感情が無視されたままでは事実を尊重するのも難しくなります。理屈をこねて「勝とう」とするよりも、よく耳を傾けて、相手や自分の気持ちを理解しようとするほうが、関係のもつれをほどく近道になります。

感情よりも理屈に重きを置くと、文句を言いあうだけのラリーになってしまうことがあります。私はこれを「ファクト・テニス」と呼んでいます。ファクト・テニスでは、口論をする2人が理屈や事実をネット越しに次々と打ちあいます。これでは有効な解決策を見つけるよりも得点を稼ぐことが目的になってしまいます。

よくある言い合いの例を見てみましょう。出かける支度をする際に、2人のうち一方だけ時間がかかっているケースです。ファクト・テニスが始まると、次のようになります。

サーバー　出かける支度に何時間もかかるんだから、いますぐ始めないと、私の両親との約束の時間に遅れてしまうよ（15ラブ）

レシーバー　いいえ、支度には30分しかかからないし、向こうの家まで車で20分なんだから、まだ時間はあるでしょう（15オール）

サーバー　先週、友達とレストランで会ったときには、支度に45分かかったよ（30―15）

レシーバー　先週は髪を洗ったから。今日は洗わなくていいから大丈夫（30オール）

サーバー　だけど家を出る時間がギリギリになったら、渋滞で遅れるかもしれない。前回も遅れたよね（40―30）

レシーバー　交通情報を確認したけど、今日は渋滞してないって（デュース）

会話はこのように続き、最終的に一方が理屈を思いつかなくなると「負け」と見なされます。これで議論に決着がついたように見えますが、苛立ちや憤りは消えていません。もし

「勝者」がいい気分になっているとしたら、それは相手の犠牲あってのことです。

理屈を脇へおしやって感情を中心に据えれば、先ほどの会話は次のように変わるでしょう。

A　もうすぐ両親に会いに行く時間だけど、家を出るのがギリギリになりそうで心配だな。父は人が遅れて来るのをいやがって、機嫌が悪くなるから

B　ああ、ごめんね、あなたをいらいらさせたいわけじゃないし、遅れて行くのは失礼だってわかってる。だけどあなたの家族とゆっくり過ごすために、この仕事を終わらせてしまいたいと思って。あとちょっとだから

A　そうだね、ずいぶん忙しそうだものね。服にアイロンをかけておいてあげようか？　そうすれば、仕事が終わってすぐに出かけられるでしょう

意見の相違に耳を傾け、解決に向けて取り組むには、相手に勝とうとするのではなく、理解し、妥協点を探す必要があります。他者をジャッジして切り捨てるよりも、好奇心を持って心を開いておくほうが、よりよい人生が送れます。

最善の結果を出すには、断罪や勝利よりも、理解や共感を目指しましょう。意見の相違が

気になったときには、自分が正しく相手が間違っていると思うのではなく、勝ち負けを争うのでもなく、相手のものの見方を理解し、自分がどう感じるかを伝えるチャンスと捉えるほうがずっといいのです。正しいか間違っているかはいったん脇へ置き、相手から謝罪を引きだそうとするのではなく、相手を理解しようと努めましょう。「正しさ」は過大評価されています。

知っておこう

事実や理屈を突きつけて相手との議論に「勝とう」としても、どちらが正しく、どちらが間違っているかを競う不毛なゲームになるだけです。断罪や勝利よりも、理解や共感を目指しましょう。

その5

カープマンの「ドラマトライアングル」

多くのカウンセラーが、人間関係で起きていることを説明するときに、心理学者のスティーブン・カープマン博士が考案した「ドラマトライアングル」を使います。この手法のポイントは、口論の内容はいったん脇へ置き、2人の関わり方のパターンを調べようとするところです。下向きの三角形を思い浮かべてください（次ページ参照）。下になった角は「犠牲者」で、ほかの2つの角は「迫害者」と「救済者」です。

カープマンのドラマトライアングルは、衝突の原因を掘り下げ、口論で実際に言われている内容より、自分が相手にどう扱われているかが重要であることを認識するためのものです。この構図に当てはめて考えると、ごく些細な原因で始まった口論がヒートアップするのはなぜか、よくわかります。

このトライアングルを実際の例に沿って説明するために、次のメールを見てみましょう。相談者のパートナーは鬱の症状に苦しんでいるのですが、助けを求めたり、薬を飲んだりすることを拒んでいます。ストレスをため、絶望的な気分になった相談者は、次のように伝えてきました。

　妻は長年鬱症状に悩まされていますが、医師には1回診てもらっただけで、受診の数カ月後には服薬をやめ、薬はもう二度と飲まないと言っています。妻は誰とも話さず、専門家にも、家族にも（私にさえ）助けを求めません。

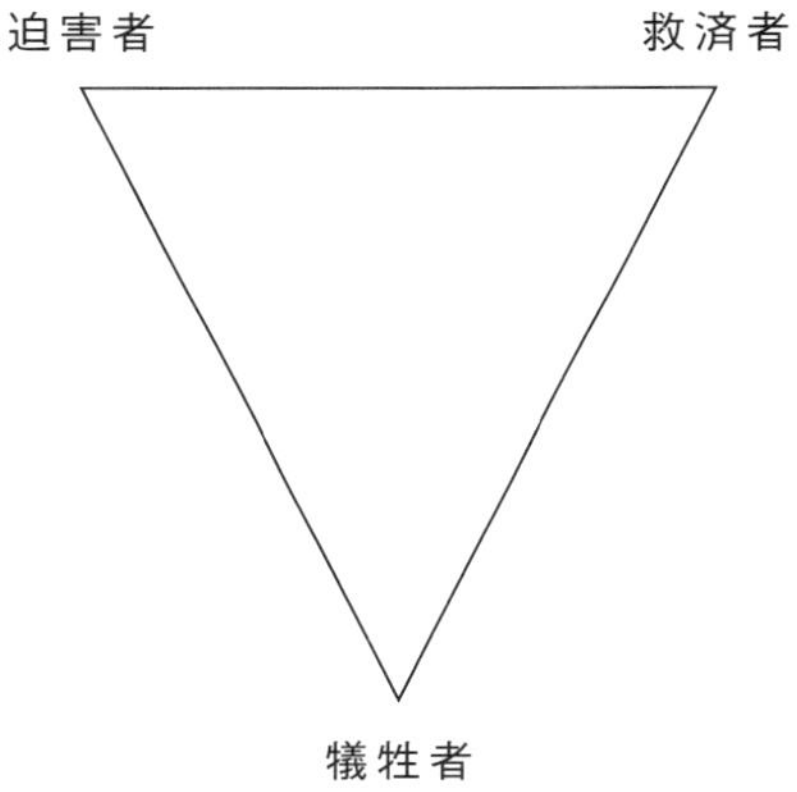

　ここ2年ほどは、新型コロナウイルスの流行が妻の心の健康に大きな影響を与え、そういう妻の行動が私にも重大な影響を及ぼしています。以前の私はポジティブで明るい人だと言われていましたが、いまは違います。
　なんとかがんばろうとしていますが、私も完璧な人間ではありませんし、何をやっても妻の目には不十分に映るようです。妻は面と向かって私を馬鹿にします。私は元来、攻撃的な性格ではありませんが、ときには自分を守らねばならないこともあります。すべてが私の責任であるかのように、絶えず罪悪感を持つことを強いられています。

妻には親しい友人もいなければ、とりたてて趣味もありません。私が何かしていると憤慨するような目で見るのですが、一緒にやろうとはしないのです。

これまでのところ、この2人はカープマンのトライアングルのまわりをぐるぐる回っています。メールをくれた男性は、鬱症状のある妻に助けを求めるよう説得することで、救済者の役割を果たそうとしています。妻のほうはこれを迫害と受けとめ、自分を守ろうとして迫害しかえし、すると夫のほうは自分が犠牲者になったように感じます。これはカップルや家族、友人同士のあいだで何か不一致があるときに陥る、よくあるサイクルです。

では、なんの助けにもならないこの3つの役割から逃れるには、どうすればいいのでしょうか。まず、反応の仕方を変えて様子を見ることができます。あるいは、その場から立ち去ることもできます。前者を選ぶなら、第一に、迫害者にならないように気をつけなければなりません。「あなたはいつも……なんだから」「あなたって……だね」「あなたは……するべきだ」といったフレーズを使わないようにするといいでしょう。つまり、「ユー・ステートメント（「あなた」を主語にする話し方）」ではなく、自分の体験として述べる「アイ・ステートメント（「私」を主語にする話し方）」で話せばいいのです。「……するべきだ」という言葉を避け、あなたがどう感じるか、相手にどんな行動を望むかを伝えましょう。そういう癖がつけば、自分の気持ちに自分で責任を負えるようになり、けんか腰にならずに対話できます。

伝え方は、伝える内容と同じくらい大事です。決めつけをやめ、他者や自分自身に興味を持ちましょう。けなす必要も褒める必要もありません。ただ相手に興味を持てばいいのです。決めつけるのも、求められていないアドバイスをするのもやめましょう。そういう発言は、たとえ善意から出たものでも、相手を威圧します。断定口調を避け、自分は何がいやなのかを伝えれば、相手は攻撃されたと思わずに聞きいれることができ、状況がエスカレートすることもなく、解決へ向けて一緒に取り組めるようになるのです。

第二に、他人のために物事を正そうとむきになっているようなら、救済者の役割にはまっています。相手が自分でもできるはずのことに手を貸そうとするのは救済モードに入っている証拠です。相手は子ども扱いされたように思うか、妨害され、押しのけられたように感じるでしょう。こういう行動はとくに男性に多く見られます。私たちの文化では、男性や男の子を輝く鎧《よろい》に身を包んだ騎士として持ちあげ、女性や女の子を悩める乙女の役割に押しこんで軽視することが多いのです。だから問題を解決するのは男の役割だ、という思い込みが当然のようにまかり通っていますが、それは間違いです。完璧になろうとしないでください。自分らしくしていれば充分です。

第三に、犠牲者の役割にはまっているとき、人は自分の力を放棄しています。殉教者のようにふるまっていることを自覚して、それをやめましょう。誰かに引きずりおろされるまま何もせずにいれば、あとで相手を恨むことになります。しかし最初からそれを許さなければ、相手を恨むこともありません。恨みがましい気持ちについてはこんな言葉があります。「恨みを抱くのは、敵が死ぬことを期待しながら自分で毒を飲むようなものだ」。本物の犠牲者とは、無力で、自分の置かれた苦境について自分で責任を負えない人のことです。それは犠牲者を演じるのとは違います。演じている人は責任を取らないことを自分で選んでいるのです。

たとえ誰かに見下されたとしても、迫害や侮辱に対し、犠牲者を演じる必要はありません。私は侮辱されたとき、攻撃的にはならずに次のように応じます。たとえば、「馬鹿だね」と言われたら、「ああそう、あなたは私が馬鹿だと思うのね、知らせてくれてどうも」などと返します。言われている内容に賛成も反対もせず、自分が相手の言葉を聞いた事実だけを伝えるのです。無視しているわけではないと相手にわかるように、聞いたとおりの言葉をくり返すことで場が収まります。それに、相手の言葉をくり返すと、言われた内容をそっくりそのまま相手に返しているような気分にもなれます。言われている内容が自分のことではなく、相手のことのように感じられるのです。

たとえ気が進まなくても、相手の感情を認めるのは、相違のある部分を丸く収めるための重要なステップです。真っ向からぶつかるよりも、同じ方向へ進みながら、相手の言動を言葉にしましょう。相手だって、こちらが聞いているとわかれば大声で叫ぶ必要はないのですから。

先ほどのメールに戻りましょう。もし、妻が「医者なんか役に立たない」と言うなら、夫は反論しなくていいのです。即座に否定すれば、解決のチャンスなどほとんどないまま議論が過熱するだけです。代わりに、「ああ、医師がきみの助けにならないと感じているんだね」と答えるとよいのです。こうして2人が同じ方を向き、感情が見届けられ、理解されたところで、はじめて解決策を出しあえるようになります。

医師は助けにならないと妻が思っていることを認めたあとなら、彼はこんなふうにも言えます。「きみがもう一度医師にチャンスをあげてくれれば、私としては安心なんだけどね」。こう言われれば、けんか腰に「きみは……するべきだ」と言われたときとは異なる受けとめ方ができるはずです。夫が自分の責任において、自分の気持ちを表明しているのであって、妻を責めているわけではないからです。最初の一歩が断定でなく、開かれたものであるなら、相手もそれに続きます。

知っておこう

人に何かを伝えるときには、使う言葉に注意しましょう。まずは、自分自身の体験として表現する「アイ・ステートメント」から始めるといいでしょう。相手のことを決めつけるような「ユー・ステートメント」は控えましょう。

その6 衝突を回避しているとどうなるか

妥協とは、相手に100パーセント同意することではありません。無理やり完全な一致を目指せば、恨みや断絶に行きつくだけです。しかし、もし衝突がすべて回避され、話し合いがなされず、感情をさらけ出すこともなかったら、関係が萎縮してしまいます。いくつもの話題がタブーになると、話せる事柄がどんどん減ってしまい、相手には見えない孤独の領域が広がっていきます。相手との違いを話題にせずにいれば、関係が消滅するだけです。衝突を避けるのは絶対にいけない、と言っているわけではありません。恨みやわだかまりが残るなら、衝突をかわしたほうがいい場合もあります。

ある夫婦の例をもとに考えてみましょう。もし妻が、夫からされたり言われたりしていやだったことをすべて封じこめ、感情を抑えこめば、家庭内に波風は立たないかもしれませんが、妻はいずれ孤立したような気分になるでしょう。口論を怖れていては親密さが増すこともなく、苦々しい気持ちが残るだけです。これには第1章で述べたような境界線の問題も含まれますが、必ずしもすべてを行動に移す必要はないとしても、自分の気持ちをしっかり自覚することが大事です。

ここで次の例を見てみましょう。この男性は、妻が不倫していたことがわかったあと、私にメールをくれました。

前妻の不倫で6年の結婚生活が終わりを告げました。カップルで受けるカウンセリングで知ったのですが、私たちの一番上の子が学校に通いはじめたころ、妻は何人かの男性保護者に言い寄られたようです。彼女はこれに気をよくしましたが、一夫一婦制の結婚生活を送っている身で、これに応じることができないのは彼女にもわかっていました。それで、私と、私たちの結婚生活を腹立たしく思いはじめたのです。別の結婚生活を望んだというよりは、新しい関係が始まるときののめりこむような激しさを求めていたのでしょう。彼女はある1人の保護者に夢中になり、関係を持ちはじめました。

私たちはカップルのカウンセリングと個別のカウンセリングの両方を受けていましたが、前妻はすぐに、判定されるのはいやだと言って、やめてしまいました。私たちの結婚生活が破綻したことに私が動揺すると、彼女は、「悪いとは思うけれど、あなたは自分の感情を人質にして私を脅しているだけでしょう」と言いました。

子どもたちのために、すべてを冷静に処理しました。恨みがましい前夫になどなりたくありませんが、抑えこんだ怒りは決して小さくはありません。彼女の行動は私だけでなく、彼女の両親、子どもたち、友人たち、彼女の現在のパートナーの前妻にも大きなトラウマを残しました。しかし私は怒りを抑えこみ、腹を立てることに罪悪感さえ覚えています。カウンセラーは、私をけしかけるようにこう言いました。「ここではあなた側のお話しか聞いていませんが、それにしても、なぜ怒らなかったのですか?」。前妻は、「自分に嘘をつくことはできない、必死でがんばってはみたけれど、私だってただの人間なんだから」と言います。

私の怒りは基本的に、自分の思いどおりにならないことに対する癇癪《かんしゃく》なのでしょう。そう思うと自分自身にあきれ、だからこそ怒りを抑えこむのです。この行き場のない怒りと、それを恥ずかしく思う気持ちをどう扱えばいいのか、ましてやどう表現したらいいのかなど、まるでわかりません。

この男性や多くの人にとって、怒りは「悪いもの」です。似たようなものとしてよく「癇癪」が挙げられますが、これには子どもっぽい怒り、衝動の抑制の欠如、過剰な権利の要求といったニュアンスが含まれます。大半の人は、怒鳴《どな》られれば怖い思いをします。怒鳴られるとその内容は耳に入らず、不快に思ってただ警戒するだけです。言葉だけでなく、体への暴力を受けたかのようにショックを受け、アドレナリンが分泌されます。怒鳴られれば誰でも身の危険を感じますから、腹を割って話しあうことなどできるはずもありません。攻撃されたと感じれば、攻撃しかえさなければと思うのも当然です。

怒りには悪いイメージがつきまといます。しかし、怒りは決して悪い感情ではありません。相手を傷つけたり怖がらせたりすることがあるのは、感情に伴う行動のほうです。怒りや悲しみなどのネガティブな感情を抱くのはよくないことだと、子どもに教えこもうとする大人は大勢いますが、そういう大人が本当にいやがっているのは、子どもが怒りを感じているときに見せる、叫んだり、たたいたり、不機嫌になったりといった行動なのです。一緒に暮らしてみればすぐにわかりますが、乳幼児は自分が感じていることを言葉にするのがあまり上手でない代わりに、行動で表すのは得意です。噛みついたり、金切り声をあげたり、床に寝転がって拳をたたきつけたりして、気に入らない状況から逃れようとします。赤ちゃんがベビーカーからおもちゃを投げ捨てるのは、自分の気持ちを示そうとしているだけなのです。

ときには子どもの感情が大人にとって不都合なこともありますが、感情そのものに異議を唱えるとか、そんなふうに思うなんて馬鹿だね、などと言ってはいけません。親は子どもに幸せになってほしいので、子どもは自分が幸せでないと、親を失望させてしまうのではないかと考えます。だから、自分の言っていることを真剣に聞いてもらえないと思うと、子どもは自分のことを親に話さなくなるのです。大人が慌てて子どもを落ち着かせようとすれば、子どもは不快な感情や奇妙な考えを持っていては受けいれてもらえないのだ、そういう感情や考えをなんとかしようと努力する余地などないのだと思うようになります。

子どもの感情を無価値なものと断じ、封じるように教えれば、子どもを危険にさらすことになります。感情を包みこんで慰めるのはいけないとか、大人の行動はすべて子どもの感情によって決定されるべきだなどと言うつもりはありませんが、子どもの感情を認め、真剣に受けとめることは重要です。そうやって受けいれることで、子どもは他者の主観的な経験にも共感できるようになり、何をどう感じるかは人によって違うのだということを受けいれられるようになるのです。

子どものころにそういう経験をせずに成長すると、自分が感じていることを表現する方法を知らないまま大人になります。不快な感情を持つのは子どもっぽいことで、それでは受けいれてもらえないと学ぶからです。メールの男性もおそらくそのように育てられたのでしょう。もしこの男性が、自分の怒りを適切な形で表現するすべを成長過程で身につけていたなら、いま抱えている感情をどうしたらいいかわからない、ということにはならなかったはずです。

怒りにどう対処したらいいか知りたいと思うなら、いまからでも遅くはありません。基本的には、怒鳴ったり、腹の立つ人や物を殴ったりといった行動で示すのではなく、言葉で表現すればいいのです。感情を言葉にすることを、セラピーでは「感情の処理」と呼びます。自分がどう感じているかを落ち着いて話せるのは、感情に支配されることなく、自分で感情をコントロールしている状態です。そういう習慣を持たずにいると、感情を行動で示したり、あるいは抑えこんだりして、自分が燃え尽きることになるのです。

怒りが充電されたかのように溜めこまれているなら、その原因はたいてい過去にあります。それを認識すると、どんな対立が起きても自分の感情をおろそかにしなくなります。たとえば、「あなたは間違っている」と誰かに指摘されて、強い怒りを感じるようなら、それはその一瞬だけでなく、過去の出来事の積み重ねから来る反応です。先ほどのメールの男性は、自分の怒りを詰めこんだ箱の上に座っているようなものです。ふたを開けたら爆発してしまうかもしれないと思っているのでしょう。しかしいまのままで居心地がいいわけではなく（メールを読むかぎり、彼は自分の内側から蝕まれているように見えます）、いつまでもそのままでいられるわけでもありません。少しずつ怒りを手放し、自分自身を救いだすしかないのです。

アンガーマネジメントとは、怒りをコントロールしながらうまく表現できるようになることです。多くの人が感情を鈍らせるすべを身につけているのは、感情に痛みが伴うことがあるからです。問題は、痛みへの感度を鈍らせると、喜びに対する感受性も鈍ってしまうことです。1つの感情を抑えようとすると、すべての感情を抑えこむことになってしまうのです。何かが自分の思いどおりにならないときは、動揺していいのです。あなたには怒る権利があります。ただし、その怒りで他者を傷つける権利はありません。だからといってその怒りを内に溜めこみ、自分を傷つけていいわけでもありません。私には怒る権利なんかないんだと自分に言い聞かせ、罪悪感を募らせる必要はないのです。それでは重荷が増えるだけです。

もし、ある状況やある人に対して怒りを感じ、穏やかに話すことなどとてもできないと思ったら、クッションを殴ったり、クッションに向かって絶叫したりするといいでしょう。安全な場所で、親身になって励ましてくれる誰かに見守られながら、大声を張りあげるのもいいかもしれません。私は昔、野原に出かけて木に向かって叫んだことがあります。とても効果がありましたし、木のほうは泰然自若としていました。

自分がなぜそんなに怒っているのかを手紙に書いてみるという手もあります。不当だと思うことをすべて書きだし、どうしてそれがフェアじゃないのか、どうしてあなたに非はないのか、あなたがどれほど激怒しているかを書き連ねて、ポストに入れなければいいのです。書き終わったら燃やして、燃え殻が水に流れていくのを眺めましょう。ひと月のあいだ毎日書かなければ気が済まないかもしれませんが、感情を言葉にするのは望ましいことです。ポクシングジムに行って、サンドバッグに怒りをぶつけてもいいでしょう。安全な場所で癇癪を起こすのはまったくかまいません。そうしているうちにいずれ怒りをコントロールし、徐々に発散できるようになります。

自分の感情を存分に味わったあとでなければ、自分が何にどれほど怒っているのかを人に冷静に説明したり、別の観点から物事を見たりすることはできません。先の例では、前妻が自分の気持ちをはっきり述べたように、この男性にも自分の怒りを表明する権利があります。怒りは決して子どもっぽいものなどではないし、他者を脅かすことなく、それでいて断固として表明できるのだということを、この男性もいずれ納得できるようになるでしょう。

その7 衝動に駆られそうになったら

感情の扱いは上達するものですが、ときには衝動に駆られて後悔するような行動を取ったり、本心ではないことを口走ったりすることもあります。これまで私にメールをくれたなかで一番若い相談者は9歳の少年で、母親と一緒に次のようなメッセージを書いてきました。2人の書きぶりは大変好ましく、母親が子どもを操っているような印象を受けないところにも好感を持ちました。とても正直で、オープンな態度です。

少し前のことですが、息子が学校で友達に暴力を振るいました。先生に叱られてやめたようです。その友達は気持ちを切り替え、息子を許して、お誕生日会にも招待してくれましたが、息子のほうはずっと気にしており、まだ悪いと思っていて、本当に不安そうな様子です。この件はまったく息子らしくなく、本人も、どうしてあんなことをしてしまったのか説明できずにいます。

以下は息子が書いた手紙です。

ぼくは9才の小学生です。何カ月か前、友だちの首をぎゅっとしめてケガをさせてしまいました。理由は自分でもわかりません。たぶん、すごく疲れていたせいかも。いまはものすごく後悔《こうかい》していて、あれからずっと、毎日悪かったと思っています。あのときもあやまったし、そのあとも何度もあやまりました。ケガをさせた男の子はすぐにぼくを許してくれたけれど、ぼくは自分を許せそうにありません。宗教を信じていないので、神さまに許しを乞《こ》うこともできません。あのことがあったあと、ぼくはすごく気まずくて、ずっとおとなしくしていますが、自分のなかに気持ちを閉じこめているような感じがします。ときどき、そのことを考えると、おなかが痛くなることがあります。どうしたら気持ちを切りかえられるか、教えてほしいです。

そうですね、赦《ゆる》しの力を持った全知全能の神がいればもっと簡単だったかもしれませんが、信仰を持たない人も多いので、私たちはじっくり考える必要があります。この少年や、似たような相談を持ちかけてくる大勢の人に私がよく話すのは、常に善良でいられる人などいない、ということです。恥や罪悪感は心地のよいものではありませんが、とてもよい感情です。失敗を二度とくり返すまいと思わせてくれるからです。人はときどき実験をします。そしてその実験が失敗に終わると、適切なやり方ではなかったのだと学ぶのです。

人間の脳は1つしかありませんが、2種類の働きをすると考えられています。動物脳と論理脳の2種類です。たとえば、まわりをよく見ずに道路に飛びだしてしまったとき、バスに轢《ひ》かれないように歩道に飛びのくことができるのは、動物脳が働くからです。考えるより早く行動しなければならないときに動物脳が必要になります。

人は乳幼児のころにはほとんど動物脳の働きに頼って生き、その後、動物モードになるべきときと論理モードになるべきときの区別を学びます。ときには動物脳が私たちを出し抜くこともあります。身を守るために即座の反応が必要なときと、もっとよく考えたほうがいいときの判断がうまくいかないことがあるからです。子どもにはこうした間違いが許されます。間違えながら学んでいきます。だからこそ、子どもが幼いときには、こうした間違いに備えて大人がそばで見守らなければならないのです。

この少年と友達のケースは大事には至りませんでした。止めに入る先生がいて、やめなさいと言われてやめたのですから。先生が気づかせてくれたおかげで、友達に怪我をさせてはいけなかったのだと、彼にもすぐにわかりました。これは勝利の瞬間です。この少年は心配ないと思います。きっと先生や母親が、動物脳の働きを発揮すべきときとそうでないときの判断ができるようになるまで助けてくれることでしょう。

この少年が「すごく疲れていた」と書いているのは、大人がそんなふうに言うのを聞いて覚えたのだと思います。大人は「疲れていた」という説明が大好きですが、本当の理由はもっと複雑です。この少年は友達にしつこくからかわれたのではないでしょうか。あるいは、何かに追い詰められたように感じて、自分の気持ちを示すために、もしくはその瞬間のプレッシャーから逃れるために、同じようなプレッシャーを友達の首にかけたのでしょう。本当は、非常事態のように感じて動物脳が起動する前に、感情を言葉にすればよかったのです。必ずしも容易なことではないかもしれませんが、言葉にすることでプレッシャーから解放されるのです。

もう1つ、この少年の事例からわかるのは、後悔するようなことをしてしまったとき、自分をなかなか許せない場合もあるということです。人は間違いをおかし、間違いから学びます。大人でさえ、間違ったタイミングで動物脳を起動させてしまうこともあります。誰もが自然に衝動をコントロールするすべを身につけられるとはかぎりません。ポイントは、4つのスキルを集中的に発達させることです。その4つとは、ストレス耐性、柔軟性、問題解決能力、相手の視点で物事を捉える能力です。成長過程でこのスキルが自然と身につく人もいますが、大人になってから学ぶ必要のある人もいます。反射的に応じるのではなく、内省してから応答する方法を学ぶためには、時間をかけて実践をくり返す必要があり、ときには専門家の助けを必要とすることもあります。ジムに通って新しい筋肉をつけるのと同じように、脳内に新しい回線を開くにも時間がかかるのです。

誰かと口論したあとで不安になったり、くよくよ思い悩んだりしていることに気づいても、その不安に身をゆだねることなく、自分の一部を切り離し、くよくよしている自分を別の場所から眺めるようにしてください。一歩引いたところにいるあなたの一部は――それが論理脳です――不安に思っているあなたの一部に向かって、くよくよするのも罪悪感を覚えるのもかまわないけれど、いやならしなくてもいいのだと教えてくれるでしょう。木に向かって、あるいは聞き役を引きうけてくれる理解者に向かって感情をあらわにし、泣いたり叫んだりしたってかまわないのです。

不安や悩みに関してもう1つだけ。「自然と浮かぶ思いつき」と「意図した思考」は別物です。1日のうちにたくさんの思いつきが生じるでしょうが、それを思考に変えるには栄養を与えて育てることが必要です。よい思いつきだけをつかみ取り、あとは流れ去るに任せましょう。それが不安をコントロールするための第一歩です。

知っておこう

話す前にすべてを理解している必要はありません。人と話すことによって初めて、自分の感じていることや知っていることを自覚できる場合もあります。

自己主張できるようになる

「問題は何を言うかではなく、いかに言うかです」というフレーズが頻繁に使われるのは、それだけ気にかけるべきことだからです。人とコミュニケーションをとるとき、私たちは主体的にさまざまな配慮をすることができます。他人のふるまいはコントロールできませんが、そのふるまいについて話すときにどういう言葉を選ぶかは自分でコントロールできます。

相手に対して厳しすぎたり、けんか腰になったりせず、それでいて暢気《のんき》すぎたり、緩みきったりすることもないようにバランスを取るには、どうすればいいか。この問題は、とりわけ仕事の場面でよく生じます。自分の反応に責任を持つことと、相手との力関係において自分の立場を理解することは別です。どうしてもお人好しになってしまうというのもまた別の問題です。次に紹介するのは、人と対立するのが怖いというある女性CEOからのメールです。

仕事に関する相談です。私は毎朝、意気消沈しています。能力が足りないように感じ、押しつぶされそうになっています。毎日が銃撃戦のようで、よし、なんとか切り抜けたと思っても、翌日になればまた一から対処しなければならず、いやになるほどくり返しばかりなのです。

自分の実力以上に昇進してしまったように感じています。おそらく家族のコネがあったからできたことで、私は大きな組織を運営していますが、まるで詐欺師になったような気分です。人にどう動いてもらえばいいのかがわかりません。私なんて、この分野でリーダーになれるような器ではないのです。みんなには「自分がやりたいから」という理由で仕事をしてもらいたいので、「命令」はしません。いつも「お願い、できれば……してもらえたらうれしいんだけど」と、まるで子犬のように訴えています。とても消耗します。戦略的にふるまうことが下手なわけではありません。それについては、まあ人並みレベルですが、その他のあらゆることが問題なのです。

自分の時間のうち半分は、誰かの気分を害したんじゃないか、何か間違ったことを言ってしまったんじゃないか、誤解されているんじゃないか、あれが入手できるだろうか、あの人には好かれているだろうかなどと、くよくよ考えています。本当に疲れます。昔からずっとこんなふうでした。戦略的に考えてこれがよいことだとは思いませんが、ほかにどうしようもないのです。きちんと大人になれていないような気がします。エグゼクティブ・コーチングも試してみたのですが、効果はありませんでした。

人を喜ばせようとするのも、度が過ぎると逆効果になります。過度のお世辞はうっとうしいものです。人のためばかりを考えて行動すると、かえって見識を疑われ、支持を失うこともあります。かといって、人の感情や考えをまったく考慮しない（できない）のもよいこととは言えません。

不必要に高圧的な態度と極端な低姿勢の中間を見つける簡単な方法は、自分が何かを頼まれたときにどう言われたいかを考えてみることです。どっちつかずの煮えきらない態度で仕事を頼まれて、それが本当に重要なのかどうかわからないのも困りますし、頭脳も選択肢も持たないロボットや奴隷のように扱われるのもいやなはずです。試してみてほしいのは、直接的なコミュニケーションです。やはりここでも「アイ・ステートメント」で話しましょう。「あなたはいつもミーティングに遅れて来ますね」と言うかわりに、「毎回お待たせしていると、大切なクライアントを失うことになります。私としては、ミーティングの5分前には来てほしいのですが」と言ってみましょう。相手の行動がもたらす結果を述べたあとで、自分が望ましいと思う行動を伝えるのです。

誰かに何かをしてもらいたい場合、少しだけ選択の余地を残します。しかしその余地が大きすぎてはいけません。これは仕事以外でも同様です。従業員には、「この件について、今日中に話しあう必要があります。直接話すほうがいいですか。それとも電話がいいですか」と伝えたほうが、「この件についてあなたと話がしたいのですが」とか「時間があるときにちょっとだけいいですか」などと言うよりも、よい結果が得られます。話し合いの場を持つこと自体に疑問を差しはさませることなく、それでいて相手がより快適に応じられるように、話し合いの方法の部分に選択の余地をつくるのです。

女性にとって厄介なのは、たいてい家庭環境や文化によって、自己主張するより、感じよく人と接するように教育されている点です。これが最初に表れるのが、自分のことを話そうとするときです。先ほどの例に戻って言えば、自分を主張するというのは、たとえば「戦略的にふるまうことが下手なわけではありません。それについては、まあ人並みレベルですが、その他のあらゆることが問題なのです」と言うのではなく、「私の強みは戦略的なふるまいができるところです」と明言することです。高圧的な態度と低姿勢の中間を取れるように実践を重ねれば、いままでより「きちんと大人になれた」と感じられるでしょう。

もしあなたも、このメールの書き手のように、自分を過小評価する傾向に悩んでいるなら、これで悩みが軽減されるはずです。ただ好かれるだけでなく、相互に敬意を払える関係を目指せば、あなたも相手ももっと気分よく過ごせるようになります。最良のリーダーとは、むやみに権力を振るう人ではなく、決断をするときに人の話に耳を傾け、敬意を払い、他者からのフィードバックを考慮に入れられる人です。

くり返しますが、「ユー・ステートメント」を使わずに、すべてを「アイ・ステートメント」で話し、「……べき」「……しなければならない」といった言葉を避け、「どちらが正しいか」と迫られても受け流しましょう。職場の同僚との対立を切り抜けるために使える方法は、義母や配偶者、親友、孫と話すときにも使えます。人にはみな似たところがあるのです。自己主張がうまくできるようになれば、人生のあらゆる場面で役に立ちます。

付き合いを終わらせるには

ここまでは、人間関係に問題が生じた際にどう切り抜けるかを考えてきました。しかしときには軋轢《あつれき》を解消するまでもない、持続する必要のない人間関係もあります。厄介事の絶えない、すぐにでも終わらせたほうがいいような関係です。そのようなつながりを断ち切るのはさほどひどいことではなく、前へ進むための最善の方法となることがあります（ただし、それが癖になっている人は、自分の行動パターンを見直したほうがいいでしょう）。

こうした別れは恋愛関係にかぎりません。たとえ関係を終わらせることになったとしても、どんな人間関係においても自分自身の幸せを優先していいのです。相手を失望させることはあるかもしれませんが、妥協点の見いだせない不一致がある場合、関係を持続させるのは難しいものです。すべての人と一生付き合いが続くわけではありません。その事実を認識し、自分の意思を優先してかまわないのです。

この問題を考える際に私が思いだすのは次のメールです。友人から花嫁付添人になることを頼まれた若い女性からの相談です。

友人は5年前から婚約しています。パンデミックのせいで、彼女は結婚式を2回も手配しなおさなければなりませんでしたが、来年はようやく挙式できそうです。

彼女が婚約したとき、私は数少ない友人の1人でした。10代のころからの友達で、よく一緒に飲みに行ったり、パーティーに出かけたりしました。彼女は働きはじめると遊びより仕事を優先させるようになり、フィアンセと出会ってからはずいぶん落ち着きました。私は大学に行き、大勢の人と出会ってさまざまなつながりを築き、彼女とのあいだには距離ができはじめました。彼女が私に花嫁付添人になってほしいと頼んできたのは4年以上前で、当時は他にあまり頼める人がいなかったのだと思います。

その後、彼女とは徐々に疎遠になっていきました。平日は仕事があるからと言って私と会いたがらず、週末に一緒に出かけるようなこともありません。年に2回くらい、私が彼女の家にお茶を飲みに行く程度です。彼女が式の計画を語り、互いに近況報告をして、すぐに帰ります。何カ月も話さないこともざらにあります。趣味も違うし、共通の友人もいません。私は彼女のフィアンセにも会ったことがありません。友情を保つために努力したり、時間を割いたりする気がどちらにもないのです。

彼女は完璧な結婚式を挙げることにものすごくこだわっているのですが、それも同意できないことの1つです。現在の私の仕事は低賃金なので、4日もかけて海外で開かれる花嫁の独身さよならパーティーに参加する余裕がなく、悩んでいます。この役割から逃れたいのです。パーティーにも行きたくないし、花嫁付添人にもなりたくないし、本当は結婚式にさえ出たくありません。友達はみな、ほんの何日かのことなんだから顔に笑みを貼りつけて耐えるのよ、と言いますが、これほど逃げたいと思ったのは初めてです。

時間も場所も自分に都合のいいように、自分のことしか考えずにこちらを付き合わせようとする人もいます。そういう人は、関係を維持しようとする努力に見あいませんし、こちらが譲ればさらに多くを期待されるだけです。先ほどのメールの女性は、約束どおり完璧に花嫁付添人の役割を果たすことを期待され、そのせいでずっと悩み、彼女自身の生活が損なわれています。この状況を抜けだせば、お金と時間を節約できるだけでなく、プレッシャーを感じて過ごした日々からも解放されるのです。自分が「悪人」になるのはいい気分ではないし、そこから抜けだす過程でいやな思いもするでしょうが、もうこのセレモニーに付き合わなくていいのだという安堵感はすべてに勝るはずです。

もし私が彼女の立場なら、これから花嫁になる友人にこう書き送るでしょう。

Xへ。ごめんなさい。花嫁付添人を務めるのは何年も前に約束したことで、いい人であれば約束を守るのだろうけれど、式が近づくにつれて、花嫁付添人はしたくないし、独身さよならパーティーにも、式そのものにも行きたくないと自分が思っていることに気づきました。

こんなふうに逃げだすなんて、ぜんぜんいい友達じゃないというのはわかっているし、悪いと思っています。だけど経済的な余裕がないだけでなく、その場にいたいと思えないから、出席できません。楽しんでいるふりはできないし、私がしらけているせいで、あなたの大事な日を台無しにしたくないのです。どうかすばらしい1日になりますように。本当にごめんなさい。愛をこめて、Yより。

かつて大事だった人が、いまでは共有できるもののない相手になるというのはよくあることです。人生をひどく窮屈なものにする相手との関係を絶つことに許可がほしいなら、いまここで私が許可します。言い訳をする必要はありません。あなたがいやな思いをしているというだけで理由としては充分です。きっと相手はそうは思わず、ひどく傷つくでしょう。しかしどちらか一方は必ず苦しむことになるのです。あなただけが我慢しつづけるか、相手が傷つくか。あなたに我慢を強いている相手から離れ、自由になってください。

知っておこう

本当の気持ちのままに行動すれば、自分で望むほど人にやさしくできないときもあります。もしそれで罪悪感を覚えるようなら、思いだしてください。罪悪感のほうが、恨みがましい気持ちよりましなのです。

断絶と修復

もし誰かに裏切られたとか、信頼を打ち砕かれたと感じたら、あなたを傷つけた相手を許し、募る恨みを手放すのは難しいこともあるかもしれません。次に紹介する話はその一例です。メールをくれた女性には、結婚して40年になる夫がいますが、その夫が30年ものあいだ不倫していたことがわかり、ショックを受けています。

夫のスマートフォンを自分のものと勘ちがいして手に取り、知らない女性からテキストメッセージが届いていることに気がつきました。夫も、とても愛情のこもったメッセージを返し、何かの約束をしていました。そのことを問い詰めると、30年ほど前に5年くらい付き合っていた相手だと打ち明けられました。罪悪感にさいなまれて別れた、彼女のほうは取り乱していたけれど、夫はどうしても妻である私と別れたくなかったから、と言います。しかしその後、2人は友人同士として付き合いを再開したそうです。

彼女のところを訪ねることもあるけれど、深い関係ではないし、2人とも私たちの結婚生活を危険にさらすような真似はしたくないのだと夫は言います。私は非常にショックを受けています。いままで知らなかった夫の一面を見てしまったのです。ただの友達だと夫は言い張りますが、テキストメッセージには「愛してる」と書いてありました。私のほうはもう何年も夫の口からそんな言葉を聞いていないのに。

私たち夫婦には、長いあいだ身体的な接触がありません。昔から愛情表現が下手なだけだと思ってきましたが、ここ何週間か、私が生々しい心の傷に苦しんでいたあいださえ、夫はハグの1つもしてきませんでした。ちょっとした触れ合いが慰めになるのだと話しましたが、夫にとってはどうやらそれも無理なようです。

夫と彼女の関係は、私たちの結婚生活を大きく損ないました。夫もそれを認め、ずっと謝っています。私たちは70代前半で、子どもも孫もいます。結婚生活を終わらせて家族にストレスを与えるのは、破壊的な行動のように思えます。関係修復の努力をすることに同意しましたが、こんなに長く心も体も不実だった人と、自分はそこまでして一緒にいたいのだろうか、と疑問に思うこともあります。まだショック状態です。私が愚かで、弱くて、情けない人間だからでしょうか。こんな状況から、夫婦関係は修復できるものでしょうか。

私への質問が、別れるべきかどうかではなく、修復できるかどうかである点が重要です。まずはっきりさせておきたいのは、彼女は愚かではないし、弱くも情けなくもないということです。似たような状況から関係を修復したカップルもいますが、エベレストに登るくらい大変です。裏切られたパートナーが精神の安定を脅かされ、安心感を損なわれた結果、PTSD（心的外傷後ストレス障害）に苦しむこともあります。

こうした不倫に区切りをつけるには、あらゆるものと向きあう必要があります。おそらく夫婦カウンセラーの力を借りることになるでしょう。裏切られたほうは、不倫のトラウマに対処し、自分の直感や現実認識能力への疑念を払拭しなければなりません。このプロセスには相当な時間がかかるはずで、夫にとってはじれったく感じられることでしょう。しかし2人で持ちこたえることが重要です。夫婦2人での集中的な対話も可能ですが、激しい感情に圧倒されてしまうことのないよう、また、必要な対話のための枠組みとサポートが得られるように、決められたカウンセリングの時間内でおこなってください。

恋人同士でも、友人同士でも、家族間でも、2人のあいだに断絶が生じたとき、壊れた関係を修復するつもりがあるのなら、コミュニケーションの方法や相手との過ごし方を改めて学び直さなければなりません。おそらく、衝突に対処する方法や信頼を築く方法を見直す必要もあるでしょう。一番大事なのは、新たな親密さや温かい気持ちが生まれるように心を開いて、怒りや望み、思考など、さまざまな感情を積極的に共有していくことです。

2人の関係の間違っている部分よりも、正しい部分——愛情の断片——に焦点を合わせましょう。信頼を築き直すために、愛情のこもった行動を取ることを習慣化する必要があります。文句を言うのはそのあとです。不思議なことに、愛情や許しの気持ちをこめて行動しようと決めると、自然と愛情を感じられるようになるのです。感情は行動についてきます。実践が必要なのです。親密な対話によって、同じ気持ちを持てるようになります。どんな関係においても、これは基本です。

断絶を受けいれるのもまた、同じくらいつらいものです。次のメールは、国外に移住して娘と疎遠になっているという男性から届いたものです。

私は離婚歴のある68歳の男です。15年前、外国暮らしを始めるためにイギリスを出ました。娘は当時21歳でした。大学を出たばかりで、母親の家のそばにあるシェアハウスに住んでいました。私にとって海外へ移ったのは正解で、仕事面で多くの成功がもたらされました。いくつかのビジネスと、国際的な慈善事業を立ち上げ、いまも運営しています。イギリスを出てからは私生活も充実し、再婚しました。

イギリスを出た時点で、娘との仲はあまりうまくいっていませんでした。娘が母親と団結して私を責めつづけていたからです。イギリスにいて思うように生活がまわらなかったときの私は鬱気味でした。娘の母親もメンタルに問題を抱えており、娘に付き合ってやれないときもあったようです。移住を決めたとき、私はそれをすぐには伝えず、出発の1週間前、すべてが片づいて荷造りも済んでから娘に話しました。いま振り返ってみれば、あんな伝え方をしたことを苦々しい思いで後悔するばかりです。残念ながら娘とは仲直りできていません。後悔してもしきれません。

娘と疎遠になった原因は、私が海外に移ったことではなく、自分の意思をもっと早く話さなかったことにあると思います。私の手際が悪かったせいで、ひどい結果になってしまいました。娘は私に見捨てられたように感じたのだと思いますが、電話をかけても出てくれないので、本当のところはわかりません。

私はいまの人生を愛していますが、そこに娘がいないことだけが残念でなりません。娘のことはものすごく愛しています。疎遠な状態をどうしていいかわからず、心が蝕まれるばかりです。娘のほうは、もう私などいないものと思っているようです。私のパートナーは連絡を取れるように努力するべきだと言いますが、どうしたらいいかまったくわかりません。時が経てば経つほど、娘と連絡を取ることがますます不可能なことのように思えます。

この男性が自分の娘と会えずにいるのは本当に悲しいことです。人生がうまくいっていても、娘と話ができないことで彼が深い喪失感を味わっているのは明らかです。

人と人とが疎遠になるとき、コミュニケーションのスタイルや衝突の仕方はさまざまで、決まった形はありません。断絶が起こる場合、ふつうは双方がまったく異なる理由を抱えています。たとえば、成人した子どもと疎遠になった親はたいてい、自分たちの離婚が原因だ、別れたパートナーが自分のことを悪く言ったからだ、などと言いますが、子どものほうは虐待やネグレクトのような不当な扱いを受けていたとか、自分のことを見てもらえていない、受けいれられていない、親にとって自分など重要ではないのだと感じたから、と言います。

この男性の娘の場合も、父親が移住を決めたときの伝え方が気にいらなかった、というのもあるかもしれませんが（もしかしたら、決心するまでの過程を知りたかったのかもしれないし、あるいは、もっと彼女自身の人生に興味を持ってもらいたかったのかもしれません）、おそらくそれだけが原因ではないでしょう。離婚を告げたときのように──この場合には海外移住を告げたときですが──疎遠になるのはたいてい大きな出来事のあとなので、私たちはその出来事が断絶を引き起こした原因だと考えることが多いのですが、原因は1つではありません。多くの場合、それは小さな物事の積み重ねであり、相手がその小さな物事をどう体験し、どう解釈し、どう受けとめてきたかといったことがすべて関わっているのです。

もし私がこの男性の立場だったら──あるいは、状況はどうあれ、相手が私との関係を絶とうと決めたなら──縁が切れてしまったらどんなに悲しいかを娘に伝えるでしょう。そして、彼女には物事がどう見えていたのか理解したい、彼女がどんな体験をし、それをどう解釈したのか教えてほしいと話します。それに応じてもらえたら、彼女がいまに至るまでに経験してきた出来事や感情をすべてたどってみるでしょう。そして話してくれたことを自分の言葉でくり返し、自己弁護することなくきちんと聞き届けたことが相手に確実に伝わるようにします。少しでも自己弁護に走れば娘は怒りを再燃させるでしょうし、それはこの男性のためになりません。

　自分が正しいと主張するのは、断絶を修復する方法として最善とは言えません。最善の方法は相手の話に耳を傾け、理解すること、そして自分が理解したという事実をしっかり示すことです。相手が理解されたと感じたときに初めて――そして相手が望んだ場合にかぎって――こちらも自分の体験を話します。後悔していることは何か、後悔していないことは何かを伝えるのです。反応があってもなくても、私は常にあなたのことを考えているよとはっきり伝えます。もし相手がとても大事な人で、私のほうが先に死ぬようなら（この男性にとっては、明らかに娘はそういう存在です）、自分の人生を綴った文章と、お金と、思い出の品を遺すでしょう。

　修復を試みるのに遅すぎることはありません。必ずしも結果が出るとはかぎりませんが、やってみることはできます。相手とのあいだのドアを開けることはできるのです。何も起こらない可能性もあります。しかし、閉じたドアの向こうにとどまるよりはましです。

議論のスタイルは人の数だけあります。この章で紹介した事例が問題解決のひな型というわけではありません。人間関係も議論も、1つとして同じものはないからです。

しかし、よくあるパターンをいくつか見ておけば、自分の他者との関わり方が、自分のためになっているかどうかを判断する際に役立つはずです。もしためになっていないようであれば、アプローチを変えるためのアイデアをこの章で見つけてください。目標は、議論を避けることでも議論に勝つことでもなく、前に進むことです。妥協点を見いだし、相互理解に至り、より強い本物の関係を築くことです。

How We Change

第3章

自分を変える

変化に対応する

毎日のルーティンをこなしていると、人生はこの先もずっと変わらない、何かが永遠に続くことだってあるのではないかと思えるかもしれません。しかし人生で必ず起こることは、実は1つしかありません。それは「変化」です。赤ちゃんは子どもになり、大人になり、年老いて、やがて一生が終わります。人生がどんな道をたどろうとも、変化が起こるのは必然であり、例外はありません。

精神的に健康な人とは、変化を受けいれ、自分や周囲の人の人生における新たな動きに適応できる人のことです。しかし、変化はいつでも容易に受けいれられるとはかぎりませんし、常に簡単に起こせるわけでもありません。変化を止められずに怖くなったり、反対に、求めている変化を起こす方法がわからないこともあります。人生に行き詰まりを感じたり、古い習慣を打ち破って新しい習慣を身につけたいと思うことはおそらく誰にでもあるでしょう。

この章のねらいは、あなたが変化を直視し、変化に対する自分の姿勢を自覚できるようになることです。ここを読めば、アプローチをどう変えたらいいかがわかり、それを実践に移すためのヒントも見つかるでしょう。何より、あなたが自信と安心感を持って新しいものや未知のものに対処できるようになることを、この章では目指します。

人はなぜ行き詰まるのか

他人のおこないがどんなにひどいか、そのせいで自分がどれだけ迷惑をこうむっているかを述べ、そういうひどい人たちをなんとかできないものかという相談は無数に届きます。私の回答はたいてい、そういうメールの送り主をがっかりさせることになります。物事を変えたいと思ったら、まず自分が変わるしかないと答えるからです。自分がどう感じ、どう行動するかは、自分次第であることを自覚する必要があります。

自分の呼吸に注意してみると、それがよくわかるでしょう。自分がどうやって呼吸しているかを意識すると、ゆったり息をするようになり、気分も落ち着いてきます。これは呼吸以外にもたくさんのことに当てはまります。自分の体や思考、価値基準をきちんと認識し、他者にどう影響を与え、どう関わっていくかを自覚的に制御できるようにならなければ、変化を起こすことはできません。よりよい人生への突破口を開くには、時間と、思考と、実践が必要です。

何かが変わってほしいと思うとき、私たちはたいていその変化が外からやって来ることを期待しています。白馬に乗った王子さまのような救世主が現れたり、宝くじに当たったり、パートナーの性格が劇的に変わったりといったことを望むのです。しかし、そういう消極的な姿勢がふつうだからといって、実現の可能性が高いわけではありません。

ある男性から、次のようなメールが届きました。彼は過去にとらわれ、昔の恋人に執着して、前へ進むことができずにいます。自分がいま感じていることを他人のせいにして、その感情を持つに至った自分側の役割について、知ろうとしていないのです。

40年前、高校を出て大学に進学したときに、ある若い女性と付き合ってひどく消耗しました。彼女は自分から別れを切りだしておきながら、ずっと煮えきらない態度だったので、私は身も心もぼろぼろになりました。神経が相当参っていたのですが、まわりの人間にはほとんど気づかれていないはずです。なんとか学業をやり通し、その後も人生は続きましたが、彼女を失った心の傷が癒えることはありませんでした。学者への道も断たれ、それ以来、「もし学問の道へ進んでいたら」という思いにずっと取り憑かれています。ちなみに、かつての私の恋人は大学に残り、輝かしい学者生活を送っています。私は何十年ものあいだ、鬱症状で断続的にセラピーに通っています。

30年前、現在の妻と出会いました。私たちはともに幸せに過ごし、2人のすばらしい子どもたちにも恵まれました。妻はよき母でもあります。ところが1年前、かつての恋人が連絡してきて、状況が一変しました。彼女と連絡は取りつづけていますが、会っているわけではありません。しかしながら、40年前の問題に向きあうことができ、いままでよりずっと気が楽になったのも事実です。

問題は妻です。妻は自分が夫にとって2番手の女なのだと信じこんでしまいました。テキストメッセージでもメールでも、彼女から連絡があれば必ず知らせると伝えてあり、実際そうしてきましたが、毎回大騒ぎです。どんな形の連絡であっても妻は動揺し、私はひそかに見張られているような気分です。私から連絡することはほとんどありませんし、昔の恋人もたまに連絡する以上のことをしたがる様子はありません。彼女は独身ですが、誘惑するような女にはなりたくないとはっきり言っています。私も友達でいたいのです。あのころの私を知る人の中で、いまでも連絡を取りあっているのは彼女だけですから。過去のトラウマに対処しつつ、彼女と新しい関係を築くのは、私にとってはきわめて有益です。しかし妻の反応に耐えられません。もし連絡を絶ったら、いまでも友人として好ましく思っている人をまた失うことになります。

もし私がこの男性の妻だったら、彼が昔からの友人を「かつての恋人」などと思っているようでは不安になるでしょう。それはそれとして、彼は自分がいまいる場所や自分の行動に責任を負っていないように見えます。何かが身に降りかかっただけと言わんばかりに、自分の身に起きたことや、自分がそれをどう感じているかについて、周囲の人を責めているのです。昔の恋人との関係を再開するつもりはないと言いますが、それはひとえに相手の女性が、誘惑者と見なされるのをいやがっているからです。彼は、自分には主体性がないと思っているのでしょうか。昔の恋人と妻のあいだを行ったり来たりするビーチボールのように自分を見るのではなく、どうやって現在の人生にたどりついたのか、一度しっかり自分に問い直す必要があります。

人は何かに行き詰まると、外の世界に対してどう反応するかは自分で選べるという事実が見えなくなります。さまざまなことが勝手に起こり、自分にはなんの責任もないと思ってしまうのです。人生という車の後部座席に収まり、ドライバーが望みの場所に連れていってくれないことを不満に思うだけ。確かに、とてつもない出来事が偶然起こることもあります。宝くじに当たったり（くじを買っていればの話ですが）、タイミングよく都合のいい場所に居あわせたり。たまたま先進国に生まれたとか、一流の教育を受けられたとか、運によって決まる物事はたくさんあり、運は間違いなく助けになります。ただし、運だけに頼ることはできません。

ある経験が原因となって、被害者意識が強くなることがあります。これはアイデンティティの一部であるようにも見えますが、実は環境適応の一種であり、変えることができます。過去の経験のせいで過度に用心深くなり、すべてが自分のせいだと言われているように思える状況では、自分の人生、または他者へのネガティブな見方が強化されてしまうのです。

解決策を提案されたときにうまくいかない理由をいくつも挙げるのは、被害者モードになっていることを示す1つの指標です。このような場合、手を貸そうとする人がいても困惑するか、ストレスがたまるだけです。被害者になったところでいいことは何もないのですが、被害者モードにはまり込むと、自分の身に起こったことに責任を負わず、悪いことはすべて他人のせいにするようになります。そういうときに思いだしてほしいのは、他人のふるまいには責任を持てないけれど、それにどう反応するかは自分で決められるということです。自分の反応や優先順位、価値基準は変えられます。

オーストリアの精神科医、ヴィクトール・フランクルは、第二次世界大戦中に強制収容所に入れられていたのですが、彼は最も無力だったときでさえ、自分の意識と、それをどこへ向けるかは自分でコントロールできると信じていました。人生に意味を見いだす力や、思考を制御する力を堅持し、敵が頭の中まで侵入してくることを許さなかったのです。

自分の人生に起こったことや、それを自分がどう感じているかについて、他人を責めるだけ、あるいはいつも悪運のせいにするだけでは、行き詰まりの原因になっている自分の行動と向きあうこともなく、それを解消するためにできることがあっても見えないままです。他人が道を譲ってくれないからといって失望するのではなく、潮の満ち引きのような環境の変化に合わせて学び、適応し、連動していかなければなりません。アメリカの政治家で、人々のモチベーションを高めるのが得意な演説家だったエド・フォアマンは、こう言っています

――「いままでと同じことをやりつづけていたら、すでに手にしているものしか手に入らない」。新しい習慣を身につけるには、変化のための自覚と意志の力が必要です。

私たちはみな、幼いころの環境に応じて行動パターンを形成します。昔の環境の中で生き延び、成功するために適した戦略を、無意識のうちに実践しているのです。しかしそうやって身を守る方法は、家庭から学校へ、大学から職場へと環境が変わるにつれて現状にそぐわないものになっていきます。たとえば、子どものころは、おとなしく、人の視界に入らない

ようにすることでやり過ごしてきたとします。そうすれば叩かれたり怒鳴られたりしないと幼いうちに学んだからです。しかし、寡黙なまま目立たないようにしてやり過ごす戦略を取りつづけていれば、職場で人の目にとまることもなく、望むような昇進ができないかもしれません。それに、友人やパートナーを探す際も、これは最適な戦略とは言えません。あるいは幼いころ、自分の身を守る手段がすべてを冗談にすることだったとします。そうすれば人気者になれたし、本当の気持ちをさらすことなく自分を守れたからです。いまも冗談に適した時と場所はあるでしょうが、コミュニケーションの方法がそれしかないと、偏った人間関係しか築けません。

行き詰まりを解消するための最初の一歩は、問題の原因になっている行動パターンに気づくことです。すっかり自分の一部になっていて、それに依存していることに気づいてさえいない可能性もあるので、正確に見定めるのは難しいかもしれませんが、人生の変化に適応し、成長していくためには、やはりどうしても変わる必要があるのです。運がよければ、それを指摘してくれる親切な友人がいるかもしれません。自分の行動や思考のパターンが理解できれば、過去と同じ対処方法ではなく、現実に即した方法が取れるようになります。

メールをくれた男性の話に戻りましょう。彼もそろそろ、行き詰まりの原因になっている自分の行動パターンや習慣について考えてもいい頃合いです。被害者意識を捨て、40年ものあいだ彼を捕らえて離さなかった、恋に破れ、現実を直視できない10代の青年という自己イメージから自分を解放する必要があります。それができる人は、彼自身をおいてほかにいません。「かつての恋人」と妻のあいだを行ったり来たりするビーチボールのような状態でいるのをやめ、自分の望みは何かをはっきり見きわめることです。妻と一緒にいること、「かつての恋人」と一緒にいること、そのどちらとも別れることのうち、どれを選ぶとしても、自ら運転席に座り、自分が望む方向に進めばいいのです。もちろん、もう昔の行動パターンに戻って他人を責めることはできないので、自分の決断の結果には自分で責任を取るしかありません。

自滅的な思い込みのせいで不安が拭《ぬぐ》えずにいるときには、古い行動パターンにはまりこんでいることが多いものです。不安は、声をあげようとする人の口をふさぎ、ありのままの自分をさらけ出すことを妨げます。誰しも身を守る手段を手放すのは怖いので、手放さずに済むように言い訳をします。以前、あるクライアントが新しい行動を試すとき、グランドキャニオンを一歩でまたがなければならないような気分になる、と言っていました。彼にとっては一歩前に踏みだすことが、墜落死しかねないもののように感じられたのです。ところが実際に踏みだしてみれば、別の岩がせり出してきてしっかり着地することができたと、のちに報告してくれました。

ほしいもの、必要なものを追い求めるには、前進を阻んでいるものを見きわめ、自分のありようや行動に責任を負えばいいのです。簡単なことではありませんが、年を取ることのすばらしい点は、過去に支配されつづけることなく、現在の人生を自分でコントロールできるようになるところにあるのです。

知っておこう

どうしたら行き詰まりを解消できるのか、という問いに対する短い答えは、「自分の行動と価値基準に責任を負うこと」です。自分の行動パターンを見きわめ、その中に過去の出来事への反応がないことを確かめて、現在の環境に合った行動を開始しましょう。

変化はあなたを解放する

変化には困難を伴うこともありますが、変化によって自由になれるのもまた事実です。どっぷり浸ってきた「すべきこと」の数々から解放され、自分自身の感情に耳を傾けて、必要な調整をするチャンスなのです。多大な努力を要することもありますが、だからといって変化を望ましくないと考えるのは間違っています。私たちには刺激が必要です。状況や環境、身体の変化に則した新しい方法で行動する能力があってこそ、感情は健全に保たれるのです。

初めての場所へ探索に出かけると、新しい景色、におい、文化に触れることで爽快な気分になれます。より豊かで、より刺激のある環境は、自己肯定感を強化してくれます。ラットを使った少々残酷な実験によると、刺激のある環境にいるラットのほうが、変化のない状況にいる気の毒なラットよりも、毒物耐性が高くなることがわかっています。

ヒトで同じ実験をすることはできませんが、人間の場合にも感情が身体に影響を及ぼすことは充分に考えられます。環境からよい刺激を受けようと思ったら、その手段は休暇を取って外国旅行をすることだけではありません。自分に影響を与える人や読み物、外から吸収する物語、自分に言い聞かせる物事などを通して、新しい内的環境をつくりだすことができます。たとえ環境に対して無力なときでも（ヴィクトール・フランクルを思いだしてください）、物事の有利な点に目を向けるか、不利な点に目を向けるかを選択する心の自由はあるのです。

たくさんの人が、そわそわと落ち着かない気分や不満について書き送ってきますが、それは変化が必要、もしくは進行中であることのサインかもしれません。あるいは、古い行動パターンが通用しなくなっているしるしかもしれません（これについては、のちほど詳しく触れます）。次に紹介する女性は、情熱や高揚感を失ってしまったと書いていますが、変化によって大きな利益を享受できそうな人の典型的な例です。

私は37歳で、素敵な夫とすばらしい子どもがいて、クリエイティブな業界で働いています。問題は、もう長いことキャリアに満足できずにいることで、行き詰まりを感じ、どうにもならない自分の人生を思って、知らず知らず涙を流していることもあります。学校では優等生でした（懸命に勉強し、いい成績を取っていい大学へ行きました）が、いまでは昇進の見込みのほとんどない役割に就いていて、自分が本当にこの仕事を続けたいかどうかもよくわかりません。いままでずっと人から期待されたとおりに生きてきたので、自分が何をしたいのか、まるでわかっていないのだと気づきました。それに、20代のころ、自分がどれほど我慢してきたかを思いだすと身が縮む思いです。本心ではたいして好きでもない男たちを追いかけたり、仕事でも余計な雑用ばかり引きうけていました。それで職務経歴書の見栄えがよくなると思ったのですが、昇進につながることはほとんどありませんでした。

年を重ねるにつれて、そういう行動を自覚できたことに少しホッとしていますが、気づくのが遅すぎたのではないかと思うと怖いのです。新しい仕事にいくつか応募しましたが、40歳間近の一児の母を雇いたがる会社はそう多くありません。それに、さっきも書いたとおり、自分がこの業界で働きつづけたいかどうかもよくわかりません。助けてください。

私たちは幼いころに、どのような人生を送るかについての強固なルールを、おそらく両親や文化から教えられます。そういう外からのメッセージをたっぷり吸収して、学校では懸命に勉強するべきだ、大学に行くべきだ、競争の激しい業界で働くべきだ、そこでトップに昇りつめるべきだ、などと思い込みます。それは大多数の人にとって適した道なのかもしれませんが、すべての人に合うとはかぎりません。どうやら、この女性の人生のハンドルは誰かに盗まれてしまったようで、それを取り戻すための鍵が仕事なのです。

彼女の場合、頭の中に一種のボードゲームのようなものがあり、何歳になるまでにどのコマに到達しなければならない、などと思うせいで不満が生じるのでしょう。仕事に関しては、これまで自分が正しいことをしているように見られたいと考えてきました。つまり、現在の満足のためではなく、見栄えのいい職務経歴書のためにやってきたのです。たとえば、犬を散歩させるアルバイトをするよりは、責任ある専門職にとどまろうと思っている人は大勢いるのではないでしょうか。おそらく、多くの人が不満を抱えながらもいまの仕事を続けているのは、経済的な理由に加え、人にどう思われるかを気にしているからだと思います。ToDoリストの項目にチェックを入れ、内面化された「やるべきこと」にもとづいて行動する。そういう状態にはまるのは簡単ですが、有益なことではありません。

私たちは、何を欲し、何を必要とし、何をするべきかを他者に決められることに慣れています。新しい誰かが自分の人生に入ってくるのを頑なに拒むときには（少なくとも、新しい人と長時間一緒に過ごすことを拒むときには）、昔からの信念、またはその信念を最初に植えつけた相手に影響されているのです。そのせいで、行動を変えるのが不可能ではないにせよ、難しくなります。もしこのメールの女性が幼少期の経験からくる影響を意識的に減らし、もっと「いま、ここ」に気持ちを集中することができたら、どうでしょうか。

自分が何を変えたいのかがわからず、落ち着かない気分になったとしても、無理に知ろうとしなくていいのです。代わりに次の問いに答えてみましょう。「没頭できること、わくわくすること」と聞いて思いつくものは何でしょうか。「やりがい」や「充実感」と聞いて思い浮かぶものは？　それらの言葉を書きとめて、思いついたものを確認しましょう。瞑想《めいそう》的なブレインストーミングのように取り組んでください。どんなアイデアも頭から否定しないように（大切なアイデアも追い払ってしまうことになりますから）。決して焦ってはいけません。思いついたイメージや言葉を書きとめておきましょう。その後もう一度それを見て、くり返し出てくるものを探してください。

自分の夢を書きとめて、やはり何度も湧きおこる感情やイメージがないか、確認してみるのもいいでしょう。夢は、自分が必要としているものを見つけるときの助けになるような、わかりやすい比喩になっている場合があります。人生を存分に楽しむための変化を起こす動機が得られるように、先ほどの問いに取り組みながら自分の感情にしっかり耳を傾けることが大切です。何も感じられなければ、自分が求めているものを知ることはできませんし、自分の望みがわからなければ、それを目指すこともできません。

知っておこう

人生で進むべき方向を知るために、自分がいまどう感じているかを探る必要があります。自分の感情を理解することで初めて、自分の望みがわかります。望みがわかれば、それを追求することができます。

人生の岐路に立ったとき、私たちは間違った選択をするのが怖くて身動きが取れなくなることがあります。決断しなければ間違えることもないと思ってしまうのです。しかし、決めずにいることも1つの選択であり、ほかの選択肢と同じように、間違っている可能性があります。ある選択が本当に正しいかどうかは、あとになってみなければわかりません。正解を事前に知ることは誰にもできないのです。間違いや失敗は成長に必要です。心理療法の世界では、「これもまた忌々《いまいま》しい学びの機会」と冗談交じりに言ったりします。

私自身にもひどく落ち着かない時期がありました。当時の私はどうにもじっとしていられず、パラリーガル（弁護士補助）の仕事をやめて、美術学校に入りました。私に必要な後押しをしてくれるような、クリエイティブな人々と出会えることを期待したのですが、結局は法曹界の人々のほうが美術学生よりも博識で思慮深く、おもしろいとわかっただけでした。夜間クラスにもいろいろと参加してみたのですが、映画鑑賞の授業に参加しても変化はありませんでした。しかしクリエイティブ・ライティングの講座を受講してみると、世界がぐっと広がったのです。

その講座には間違いなく効果がありました。結果的に私は作家、ジャーナリスト、キャスターになったのですから。何冊かの本の刊行にもつながりました。参加してみたけれどあまりピンとこなかったほかの授業についてはほとんど忘れてしまいましたが、自分にぴったりのものに出会えるまであきらめなくて、本当によかったと思います。何かをすぐにやめてしまうのはあまりにも安易です。私はインスピレーションを与えてくれる授業が見つかるまで探しつづけました。また、一緒にいたいと思えるパートナーも、見つかるまで探しつづけました。

たとえば仕事の面接でもオンラインデートでも、5、6回試してすべてよくない結果に終わると、「これ以上は無理だ、これは明らかに自分に向いていない」と思いたくなるのは自然なことです。しかしそういうマインドセットを変えてみれば、何かいいことがあるかもしれません。売り込みの電話を50回かけてようやく1つの売上げにつながるとすれば、断られれば断られるほど目指す1つの売上げに近づけると考えるのが、成績のいい販売員の実践のコツだそうです。そういう考え方をしていれば、時間が経つにつれて気分も高揚し、熱意にあふれ、成功率も上がります。年間ベストの売上げを達成する販売員なら、「これが本当にうまくいくんだよ」と言うでしょう。

先行きがどうなるかは誰にもわかりません。悲観的にならず、そういう考え方をしましょう。さまざまな物事を試して、人生が1つの大きな、気分が高揚するような探求の旅になることを期待しましょう。新しい仕事を始めたり、転職するために学び直したりするのはいつだってできます。余裕があれば長い休みを取って、何か夢中になれることがないか、探してみてもいいのです。ある友人は、80歳でクリエイティブな新ビジネスの共同経営者になりました。何歳までにこれをしなければならないといった一般的な節目は、あまり気にしなくていいのです。あなたの人生はボードゲームではありません。そういうゲームからは降りて、別の何かを探してもいいのです。

一番リスクが高いのは、あなたを不幸せにする場所や、生きる気力が失われるような場所にとどまることです。ただし、もしあなたが仕事を（あるいはパートナーや、家を）2週間ごとに変えているようなら、あなたにとっての新しい体験とは、行き詰まるまでやってみて、そこから何が学べるかを確かめることです。すべての人に当てはまるわけではありませんが、たいていの人にとって有益なのは、「私は何を不安に思っているのか」「その不安は、どのように前進を阻んでいるのか」という問いに、答えを出してみることです。不安を感じながらも、あえてやってみたらどうなるでしょう？　変化を、未知の恐るべきものと思うのではなく、自分の望みを明らかにし、それを追求するための１つのチャンスと受けとめてください。最初は、どこに着地するかわからないままロープを手放すような気分になるかもしれません。きっと怖いでしょう。しかしたいていの場合、足のほんの５センチ下に堅い地面があるものです。

知っておこう

新しい物事に挑戦するときには、楽観的になりましょう。試してみてうまくいかなくても、自分の望みに一歩近づいたと思えばいいのです。

古い習慣を変えるには

ときどき、心理療法を受けに来るクライアントが遅刻することがあります。「地下鉄が止まってしまって。本当に申し訳ない」ということが、一度だけならたいして気にも留めないのですが、何度も遅れて来るクライアントもいます。ほんの5分か10分の遅れですが、毎回息を切らしてやって来るのです。そうなると、遅刻するという行動パターンの裏に何があるのか、何か意味や目的があるのではないかと興味が湧いてきます。

おそらく、時間を守らない理由は、守らない人の数と同じだけあるのでしょう。あるクライアントは、昔、母親がいつも長時間トイレに入っていたせいでよく学校に遅刻したのを思いだしました。「遅刻なんてたいしたことじゃない、みんな神経質すぎるのよ」と、母親は言っていたそうです。彼は無意識のうちに、時間どおりに行動することを母親への裏切りと混同し、悪いことのように思っていたのです。そういう背景を自覚できたことで、このクライアントの遅刻癖はなくなりました。

他には、一定の時間内でどの程度のことをこなせるかとか、オフィスからレストランまでの移動時間について、極端に楽観的な人もいます（場所が近い場合にはとくにそうです）。私はよく編集者とカフェで昼食をとるのですが、そのカフェはオフィスの隣にあるのに、彼女はいつも7分遅刻して来ます。オフィスを約束の1時に出るからです。テレポートできるような気分でいるのかもしれませんが、会社のロビーで同僚とおしゃべりをしたり、エレベーターを待ったりしているうちに、7分の遅刻になるのです。

遅刻常習者の中には、自分は時間の管理がものすごく下手だからどうすることもできないと開きなおる人もいます。あきらめきった様子で「これがありのままの私だから」「どうせ変えることなんてできないし」などと自分に言い聞かせているのですが、そんな言い訳は却下して、とにかく試してみることです。人は大人になったからといって成長が止まるわけではありません。脳は柔軟なので、習慣的な行動を変えることもできます。自分がふだんやっていることを認識し、そのふだんの反応を抑え、意識して別の行動を取る。そうやって新しい習慣を身につければいいのです。

頭の中に高速道路が走っている様子を思い浮かべてみてください。その高速道路はあなたの古い習慣です。一方、新しい習慣や行動は、鉈《なた》を振るってジャングルの中に道を切りひらくようなものです。古い道は、とくに意識せずに自動操縦モードで楽に進めます。しかし新しい道を進むのは大変です。自分がどこへ向かっているのか、何をしているのかを明確に考えなければならず、それには気力と体力が必要です。先ほどの話に戻ると、遅刻常習者本人が時間を守ろうと決心しないかぎり、遅刻癖を治すことはできません。きっぱり決意しなければだめなのです。「できればやってみる」程度のいい加減な気持ちでは、きっとまた遅れます。脳はいつもどおり高速道路を使い、常習者は遅刻しつづけます。

ストレスやプレッシャーにさらされたときはとくに、この高速道路に飛び乗らないように気をつけてください。別のことにエネルギーを取られていると、慣れ親しんだ楽な道に戻りやすくなるからです。子育て中の人には、これが身に染みてわかると思います。親にされたことを子どもには絶対にしないと決めていても、ストレスにさらされると、無意識のうちに親のやり方に倣っているものです。

習慣を変えたいと思っている、別の人の例を見てみましょう。次のメールは、職場での噂話がどうしてもやめられないという女性から送られてきたものです。

誰かの噂話をしたり、まわりの人の悪口を言ったりするのがやめられません。これはおもに職場でのことで、噂話をするのは私だけではありません。私の職場は有害な環境なのです。

悪口を言うのがふつうになっているので、なかなか抗《あらが》うことができずにいます。今日こそ人の悪口を言うのはやめようと、毎日のように自分に言い聞かせるのですが、結局はいつもゴシップに巻き込まれたり、意地の悪いことを言ったりしてしまいます。私の一番いやなところです。自分は友達甲斐のない、根っから最低の人間なのではないかと思えてきます。

昔は自分の正直なところ、自説を曲げないところ、歯に衣着《きぬ》せずにものを言うところを自慢に思っていましたが、それが皮肉や泣き言や衝動的な悪口を言う態度に変わってしまいました。最悪なのは、心の底ではたいして悪く思っていないのに悪口を言ってしまうときです。なぜそんなひどいことを言ってしまうのか、自分でもわかりません。

ここ何年か、お酒をやめたり、セラピーに行ったりと、懸命に取り組んできましたが、恥ずかしながらなんの進歩もありません。人をこきおろすことでスリルを感じるような、つまらない人間にはなりたくありません。ポジティブで、オープンで、自分の思考や感情をきちんとコントロールできる人を心から尊敬します。どうしたらそういう人になれるのでしょう。どうしたら、自分の中の不快な部分にきっぱり別れを告げることができるのでしょうか。

自分の問題を認識し、言語化することで、この女性はすでに変化への道をたどりはじめています。噂話をやめるのは、とくに不安を感じるような環境では難しいものです。誰かと関係を強めたいと思うとき、共通の敵がいると都合がいいからです。アメリカ社交界の有名な才人、アリス・ルーズベルト・ロングワースは、かつてこう言ったそうです――「立派なことが何も言えないなら……ここへ来て、私のそばにお座りなさいな」。ゴシップは接着剤の役割を果たします。互いに味方のように感じている人々のあいだで信頼があることのしるしになるからです。ガス抜きができて、敵意や緊張がやわらぐのです。

しかしマイナスの側面もあります。ある人に関してネガティブな噂を耳にすると、その人を見る目が、おそらくは不当で過酷なものに変わってしまいます。また、自分が噂される側になるのもいやなものです。当然ながら、もっと直接的で気の利いたコミュニケーションの方法が見つかれば、それに越したことはありません。

新しいことを試そうとするとき、なかなか決心がつかなくても当然です。やってみれば大きく好転する物事ほど、事前に感じる不安も大きくなります。たとえば、バスをつかまえるために走ったことくらいしかない人が、マラソンを走ろうとするとか。パンデミックのあいだはワイングラスを手放せなかったのに、いきなり断酒しようとするとか。物事を改善するための変化を受けいれるのがこれほど難しいのも妙なものですが、ドーパミンの分泌が悪い習慣と結びついている場合、快楽物質の恩恵を受けつづけるためなら、私たちはどんな言い訳でもします。噂話をやめたいというこの女性の身に起こっているのもそういうことです。

ポジティブな違いを生む変化は劇的なものでなくていいのです。いままでとは異なる種類の植物を育ててみるとか、1日に1つずつ新しい単語を覚えてみるといった、ほんの小さな、微調整のような物事でかまいません。この女性にお勧めしたいのは、「アイ・ステートメント」を習慣にすることです。「彼は苛立たしい人だ」を「私は彼といるといらいらする」に変換し、自分の反応に自分で責任を負うことで、誰かが自分を苛立たせるからといって、必ずしもその当人が悪いわけではないと理解することです。そういう習慣を身につければ、他人を責めず、自分の反応に責任を持てるようになります。職場で一番親しい仲間に愚痴をこぼすことほど楽しくはないかもしれませんが、それよりはるかに役に立ちます。日々のルーティンやものの見方をほんの少し変えるだけで、幸福感に多大なインパクトを与えることができるのです。

この女性は噂話に夢中になる自分自身をとても厳しい目で見ています。自分の問題を説明することができ、やってしまったあとに自分で気づいてもいるので、進む方向は間違っていません。

彼女を見ていると、ポーシャ・ネルソンの「5つの短い章からなる自叙伝」を思いだします。この詩は、道を歩いて穴に落ちることについて書いたものです。彼女は穴に落ち、それは自分のせいじゃないと考えます。次に同じ穴を見たとき、彼女には落ちるだろうとわかっていて、やはり落ち、それでも自分のせいじゃないと考えます。その後また同じ穴を見て、やはり落ち、今度は自分のせいだと考えます。次にその穴を見たときには、よけて通ります。そしてその次には、別の道を歩きます。ネルソンの詩は、新しい習慣を身につけるときに猶予が必要であることを比喩的に表しています。

行動を変えるには時間がかかります。だからまた悪い習慣にはまりそうになったときには自分を責めず、「ああ、これだよ、私がもう二度とやりたくないと思っているのは！」と、自ら気づいたことを喜べばいいのです。自分のことを決めつけるのはやめて、自分自身に興味を持ちましょう。進歩に気づき、衝動に気づき、衝動のままに行動しなかったときには心の中で自分自身とハイタッチをすればいいのです。

古い習慣を変えたり、何か新しいことを試したりする心の準備がすでにできているなら、お勧めしたい方法があります。大きな白紙を用意して、真ん中に円を描いてください。そしてその円の中に、あなたが心地よくできる活動をいくつか書きます。私の場合は、近所に散歩に出かける、などです。それからその円のまわりに、やればできるけれど少々がんばりを必要とする活動を書いてみます。たとえば、丘を上るとか、塔のてっぺんまで上るとか。いくつか書けたら、そのまわりをさらに大きな円で囲みます。大きな円の外周には、やりたいとは思うけれど、いくらか不安を感じる活動を書いてください。たとえば1週間毎日歩くとか、新しいビジネスのアイデアを持っている人に連絡を取ってみるとか、何か慈善活動を始めるとか。その活動のまわりも円で囲んでください。そしてまたその外に、いまはとてもできないけれど、いつかやってみたいと思う物事を書きとめます。たとえば、議員に立候補するといったようなことです。こうやって、好きなだけ円を増やしていきます。

時が経つうちに、中心の円のすぐ外にある活動にはだんだん慣れてきて、自分にとっての安全地帯が広がります。あなたが外のほうに書いた物事が、他の人にとっては内側にある物事かもしれませんが、何を試すにせよ、自分だけのためにやっているのだと肝に銘じてください。誰にどう思われようとかまわないのです。新しいことを試したときに刺激や新鮮味が足りないと感じたり、他の物事とのつながりが感じられなかったりしたら、それはやめてもいいしるしです。大事なのは、やりたいことの範囲を少しずつ拡大していくことです。私の経験に則して言えば、ときどき自分の限界を試さないと、安全地帯は徐々に狭まってしまいます。

変化には実践が必要であるということは、しっかり覚えておいてください。慣れないことをすると、最初は正しいように感じられないかもしれません。私たちは、慣れ親しんだものが真実であると誤解することがあります。なじみがあって心地よく感じられるものは、たとえ有害であっても正しいように思えてしまうのです。だから、ジャングルで鉈を振るいながら歩き、新しい道を切りひらいてください。新しい道も踏みしめているうちにより自然に感じられるようになり、やがては高速道路と同じく無意識に進めるようになります。

変化によって失うものもある

自分が主体的に動くことで生まれる変化は望ましいものですが、必ずしも自分では望まないのに変化に追い込まれることもあります。その場合にはどう対処すればいいでしょうか。まず、心の準備ができていないときに直面する変化には、たいてい喪失が伴うと知っておく必要があります。恋人から友人へ、友人から知人へ、ケアする側からされる側へと人間関係が変化するときには、嘆かずにいられないような喪失が伴います。以前の人生や人間関係、さらには以前の自分自身を失うことになるのです。

仮にそういう変化を予期し、すんなり受けいれることができたとしても、心の中に隙間ができてしまうことがあります。よくある例は、子どもが初めて親離れするときの親の心境でしょう。10代の子どもから反抗されたり、拒絶されたり、一緒に行動するのをやんわり断られたり、愛情のこもった提案やアドバイスを却下されたりすれば、親は傷つきます。子どもが自立するための行動の1つなのだとわかっていれば、傷は浅くて済むのですが。

別れが死別のように感じられるのも、理由は同じです。誰かを失ったときの喪失感が身に染みるのです。相手がいないことを寂しく思い、相手と一緒にいたときの自分を懐かしむことになります。この先、自分はやっていけるだろうかと心細くなり、そんな思いをさせられて恨めしく感じるでしょう。その別れさえなければ、新しい環境に適応する必要もなかったのです。慣れ親しんだ場所を去り、未知の場所へ踏みだすのですから、ひどく不安になるかもしれません。哲学的な悩みも生じます。いまこうして1人になった自分はどんな人間なのだろう。アイデンティティに変化はあるだろうか。

こうした疑問については次のメールを通して考えてみましょう。不妊治療の最中にパートナーとの関係が壊れてしまったという、30代半ばの女性から届いたものです。

私は心から愛している相手と10年間付き合ってきて、このまま一緒に年を重ねていくつもりでした。私たちはレズビアンなので、精子提供を受けて子宮腔内受精（IUI）を試すことになったのですが、パートナーは人工授精を開始する2日前に出ていきました。共通の友人と浮気をしていたことが、あとになってわかりました。しばらくすると一度戻ってきて、また親密な関係になりましたが、その後再び出ていきました。

クリニックにはこれまで3週間通いました。とても悲しく、私たちに赤ちゃんができるはずだったのに、と思うとあきらめきれません。そのうえ、この気持ちを説明することすらできないように感じています。それはレズビアンの不妊治療が社会で真剣に語られることがないからで、私は自分に何が起こったかを端的に言い表すこともできずに苦しんでいます。いままでは、浮気がより大きな問題のほんの一部だったこともわかっているし、2人の関係が壊れた原因は自分にもあったことを認めたいと思っています。私たちのコミュニケーションは完全に破綻していました。パートナーはいまになって、本当は赤ちゃんなんてほしくなかった、と言っているくらいですから。

子どもを持つ計画を立てていた2年間（その間に生まれてくる子どもの名前を考え、学校や住む場所を選び、貯金をして、2番目の子どもはどうしようかと話しあっていたのですが）、パートナーが徐々に私から離れていったことに、いまになって気づきました。話しかけようとしてもまったく応じてくれないので、しまいには腹を立てて、ネガティブなものでもいいからとにかく何か反応がほしいと思ったほどです。

こんなことを一体どうやって消化し、受けいれたらいいのか、まったくわかりません。どうしたら気持ちを切り替えて、もう大丈夫だと言えるのでしょう。うまく動かない、出来損ないの機械にでもなったような気分です。ばかな話ですが、とにかく打ちのめされています。それに、独りで母親になることを目指すべきかどうかもわかりません。私1人で、子どもに充分なことをしてあげられるでしょうか。独りきりで子育てをするのはとてもつらく、とても寂しいです。

誰かと別れると、その相手と一緒に過ごしていたころの自分も、想像していた相手との未来も失われるように思えます。心の隙間が生傷のように痛むことでしょう。当然、このメールをくれた女性もひどく打ちのめされています。彼女はパートナーを失い、パートナーと一緒に子育てをする夢も失いました。出ていった相手は彼女が夢見た子どもそのものであり、子どもにはこんなふうに育ってほしいと思えるような人でした。

思い描いた夢が子どもであれ、新しい家であれ、新しい人間関係であれ、新しい国であれ、実現しないとなったら、しばらくは嘆き悲しんで過ごすことになるでしょう。一度は手が届きそうになった夢を奪い去られたときに抱く感情は、大事な人を失ったときの気持ちと似ています。愛する人の死を嘆くときと同じように、その感情をすぐに克服することはできませんが、時が経てば傷は癒え、あるいはその傷に慣れ、やがてはその傷を自分の人生の一部として捉えられるようになるのです。

自分が経験した別れや、その他の思いがけない、望ましくない人生の変化に関する相談はたくさん届きます。そういうときは、心の蛇口を開いて感情を放出してください。そうしないと、圧力が鬱積《うっせき》してしまい、強迫観念となって人生のすべての側面に影響を与えます。すでに強迫観念に取り憑《つ》かれて行き詰まっているようなら、時と場所を選んで感情を放出することで乗り越えられます。そのためのスケジュールを設定してください。毎日同じ時間に30分だけ、泣いたり、怒ったり、嘆いたりするのです。

本当は、それほど落ち込んでいないように思えても、嘆いたり深く悲しんだりしたほうがいいのです。以前の思い出に耽《ふけ》ってください。思い出の祭壇を作ってもいいですし、ロウソクを灯したり、泣いたり、出さないラブレターを書いたり……何をしてもかまいませんが、30分だけと決めてください。アラームをセットして、時間をきっちり守ります。そうすると、自分の感情に向きあいながら、同時に感情をコントロールすることにもなるのです。固い決意と意志の力が必要ですが、他のスキルと同様に、実践することで上達します。そうやって30分泣いているあいだ、友人や家族に一緒にいてもらってもかまいません。独りで耐えなくてもいいのです。ただし、忘れずにタイマーをセットしてください。

知っておこう

感情に浸るためにタイマーをセットするというのは奇妙に思えるかもしれませんが、そうすることで、頭に浮かぶ思いにコントロールされるのではなく、思いをコントロールすることを学べるのです。

次に紹介する若い女性にも同じアドバイスをしたいと思います。この女性は乳がんのリスクを低減するために手術を受けようとしています。

私は26歳の女性です。5年前にＢＲＣＡ遺伝子検査を受けたところ、陽性でした。つまり、一生のあいだに乳がんを発症する確率が非常に高いということです。私の体は（専門的な言葉を使わずに説明すると）ある特定のがん細胞を認識して闘うことができないのです。

検査結果を知った当初から、リスク低減のための乳腺切除手術を受けたいと思っていて、キャリアや人間関係などの人生のステージを考えると、いまがそのときだと感じています。医師からは、手術を受けても受けなくても余命は変わらないと聞いています。手術を受けなければがんになる可能性は高いのですが、定期的に検査を受けていれば発見できる確率もかなり高いそうです。ただ、自分にとっては乳腺切除が正しい選択だとわかっています。いずれ陽性の結果が出ることを知りながら毎年検査を受けるのは、私の望むところではありません。それよりは、いま手術を受けて、あとは心穏やかに暮らしたいのです。

母も乳がんを発症し、何年も治療したのちに亡くなりました。私がＢＲＣＡの検査結果を受けとったときにはまだ存命で（ちなみに母もかつてこの検査で陽性でした）、母はひどく動揺し、大きな罪悪感を持ったようです。けれども私は気にしませんでした。がんは、昔は死刑宣告に等しかったのかもしれませんが、いまでは選択肢がたくさんあり、私はこの診断を受けられて幸運でした。母にはなかった選択肢が、私にはあるのですから。もう大人だし、やらなければならないことがまた1つ増えただけです。計画を立てることができるのだから、大丈夫です。もともと小さな胸なので、自己イメージの中で大きな部分を占めているわけでもありません。だから、失うことになってこれほど悲しいとは思ってもみませんでした。

手術が近づいたいまになってパニックに陥り、ずっと圧倒されっぱなしです。他の物事に集中するのがひどく難しいのですが、手術の話ばかりして家族や友人を苛立たせるのはいやなのです。手術は自分で望んだことだし、いまが最適なタイミングであることもわかっています。それなのに、なぜこんなふうに感じるのでしょう。

身近な人を亡くしたとき、私たちは喪失の悲しみにとらわれます。親やパートナー、ペット、友人を失うようなことがあれば、まわりの人はみな、私たちが悲しみや怒りや混乱を覚え、現実を受けいれられないのだろう、あるいは、しばらくは何も考えられないのかもしれないとわかってくれます。たとえつらくても、悲しみを抑え込んでいるだけでは心の平穏は取り戻せません。喪失を乗り越えるには、悲しみをまっすぐ通り抜けるしかないのです。

誰にとっても理解が難しいのは、親しい人を失うのではなく、何かほかのものの喪失を経験したときです。たいていは気づくことさえなく、その状況をどう呼んだらいいかもわからず、悲しみに対処する心の準備もできていません。この若い女性が母親を失ったあとに経験しているのは、乳房の喪失です。つまり彼女は、女性性の一部を失うこと、無傷な体を失うことに対処しなければならないのです。

手術を受ければがん発症のリスクをぐっと抑えられることに、彼女は感謝しています。しかし、ありがたく思うことと、悲しく思うことと、パニックに陥ることは、同時に起こりうるのです。母親の命を奪ったのと同じ体の部位について何度も検査を受けているという状況は、パニックに陥る理由として充分です。そのうえ、いまはまだ健康な組織を外科手術で取り除くとなれば、不安になるのも当然です。

困難な感情は口に出すのも難しいものですが、そういう感情を持ったことで自分を責めていると、いずれ手に負えなくなります。悲しみに対処する過程を愛情をこめて支えてもらうこともなく、無言で苦しむだけの世界に閉じこもっていれば、孤立感が増すばかりです。喪失への対処を怠ると、悲しみがあなたの世界を乗っ取り、すべてを曇らせます。失望を受けとめ、心の隙間に名前をつけると、悲しみがより強烈になり、手に負えなくなるのではないかと思うかもしれませんが、実際はその反対です。喪失について話すことで感情への対処が始まり、それが回復への最初の一歩になるのです。

これはあまりにもふつうじゃない、こんな思いをしているのは自分だけだ、ひどく寂しい、そう思うようなことほど、誰かと共有できたときには相手とのつながりが深まるものです。めったに口に出さない感情を言葉にするとき、自分がどう感じているかをなんとか説明しようとすると、２つのことが起こるからです。

1．言葉にすることでその感情への理解が進み、自分自身への理解も深まる
2．その感情を相手に伝えることで、相手が自身の感情を理解する助けにもなる

どう考え、どう感じているかを相手に伝え、ありのままの自分の姿を明かせば、誰かが理解してくれるかもしれません。そこにこそ結びつきが生じます。そういう結びつきは癒やしになります。私たちは弱くてもいいし、悲しんでもいいのです。深く悲しみ、喪失に浸ってかまいません。ショックを乗り越え、いままでとは違う体に適応するための時間を自分に与

えましょう。

知っておこう

自分の中に悲しむ気持ちがあることを受けいれるのは、変化のプロセスの一部です。変化に感謝する一方で、それと同時に失ったものについて嘆くこともありえます。

年を取ることを受けいれる

「子ども」や「大人」という概念は、私たちがつくりだしたものに過ぎません。成人年齢を迎えたとたんに魔法のように大人になるわけではないし、どこからが大人なのかもはっきり決まっているわけではありません。私も10代の後半と20代を、いつになったら奇跡のようにスイッチが切り替わって子どもの自分がいなくなり、もっと分別のある「大人」になれるのかと心待ちにしながら過ごしたものでした。

大人になるためのスイッチが突然入ることはありませんが、私たちは長い時間をかけて徐々に変化していきます。日々の生活から受ける影響というのは確かにあって、それが私たちを変化させ、今日の自分は昨日の自分よりも成長しているということもあるのです。しかし変化しやすいのはどちらかというと「中身」であって、「プロセス」ではありません。少し説明しましょう。「中身」はストーリーで、「プロセス」は行動パターンです。

たとえば、心配性の人の場合、何を心配するか（これがストーリーです）は変化しますが、いつも心配ばかりしているという事実はなかなか変わりません。小さな子どもは、葉っぱが枯れて木から落ちることを心配します。大きくなれば、葉っぱの心配はしなくなるかもしれませんが、べつのストーリーについて同じ感情を味わいます（たとえば、誰にクリスマスカードを送ったらいいか、などです）。年を取ったからといって、完全に違う人間になることはないと覚えておきましょう。私の場合、最大の変化はすぐに疲れるようになったことです。

年を取るというのは誰もが直面しなければならない現実ですが、受けいれ、切り抜けるのが難しいときもあります。私たちの体は変化しますが、この変化に適応するのは大変です。年を取ると身軽に動けなくなり、より多くの休息が必要になり、以前は当たり前にできていたことができなくなります。年を取るということについては、どんなに哲学的に捉えようとしてみたところで必ず失われたものに気づくのです。かつてのありようを思って嘆くことも、身体的な変化が自分に及ぼす影響を思い知ることもあるでしょう。いまより若くて元気だったころの人生を惜しむのは自然なことです。

若さと美は結びついていて、美は加齢によって失われると、私たちは子どものころから教えられます。女性の場合は、とくにそうです。母がよく、もう若くない自分の姿を見て、「あなたはいいわね……」と私に言っていたのを思いだします。しかし、ちっともよくはありませんでした。母はそうやって自分の体を恥じ、嫌う習慣を、私に伝えていたからです。私たちのまわりには若い女性の映像があふれ、女性はみなこういう外見を目指すべきなのだというメッセージが氾濫しています。こういう型にはまったイメージのせいで、女性は若くてきれいで当たり前なのだと思う人もいるかもしれませんが、それは違います。

次のメールは、加齢に伴う体の変化を受けいれようと苦労している女性から届いたものです。どうすればもっと自分の体に自信が持てるようになるか、アドバイスを求めてきました。

裸になったときのこのたるんだ中年の体に嫌悪感を持たず、あまり意識せずにいるにはどうしたらいいのでしょう。体の変化を気にしていると、いろいろと行動が制約されます。腕を出さなければならない行動は避けるし、脚やおなかはもっと出したくありません。泳ぐのは好きなのに、水着を着るのは怖いのです。パートナーの前で服を脱ぐのも憂鬱だし、行為のときも、たるんだおなかや胸がとても恥ずかしいので自由なふるまいができません。

散歩はたくさんするし、ヨガやピラティス、その他の教室にも週何回か通っています。そういう教室で体を動かすのは大好きです。私はもうすぐ60歳で、良質な食事を心がけています（魚や豆類、果物をたくさん、それにさまざまな野菜を食べます）。平均より10キロ近く太っていることが以前からずっと悩みの種でした。もしかしたら関係があるのかもしれませんが、昔から胸が大きくて、まだ子どもといっていい年齢のころから男性の不快な視線にさらされてきました。女らしい体つきを引き立てる服よりも、体型を隠すような服ばかり選んで着ていたのをよく覚えています。

人は見かけだけじゃないというのはわかっていますし、自分の体を恥じること自体が恥ずかしいです。同年代の友達を見てもうんざりするようなことはありません。彼女たちは完璧な体つきでなくても素敵に見えます。それなのになぜ、自分のことはそういう目で見られないのでしょう。

年を重ねると皮膚がたるむのは自然なことですが、私たちはそれを美しくないと思い込まされています。引き締めローションやアンチエイジング・クリーム、若く見えるファッションを売りつけようとする人たちに、どういう見た目を目指すべきか、散々聞かされてきたからです。20歳のように見えなければ愛してもらえないのではないかと不安にさせ、私たちが自分を嫌悪するように煽《あお》ることで、彼らはもっと商品を買わせようとしているのですが、それは成功しています。正確には、商品を買わせようとする戦略だけは成功しています。商品のほうは成功しているとは言えず、私たちの皮膚や脂肪のつき方は年齢相応のままです。

かつてはみずみずしくなめらかだったのにいまでは縮緬《ちりめん》じわのできた肌を眺めながらでも、何がよくて何が悪いのか教え込まれてきただけなのだと認識することはできます。加齢の問題をどう考えればいいか、決めるのは自分自身です。本当に魅力ある年配女性とは、どういう人でしょうか。それは一番痩せている人でも、一番若く見える人でもなく、自分なりの矜《きょう》持《じ》を持って行動する人、逃げ隠れしない人、胸を張って高らかに笑う人、どこがたるんでいようと気にしない人です。おなかをへこませるために息を止めたりせず、ちゃんと呼吸をしている人です。自信が魅力なのです。そこを伸ばすべきです。自分が美しいと思えるようになる鍵は、痩せていることでも引き締まった体をしていることでもなく、自信を持つことです。

これは誰にでも言えることで、もちろん男性も加齢に直面しており、とりわけゲイの男性は世間から批判的な目を向けられる傾向にありますが、女性はさらに多くのプレッシャーを受けています。私たちの文化では、女性は常に男性の視線にさらされているからです。女性誌は「こういう恰好をしなさい」というメッセージを絶えず発しているし、私たちは口笛を吹かれたり、冷やかされたり、バス停やクラブでお尻を触られることもあります。そして多くの女性が、こうした男性の視線を内面化してしまうのです。

メールをくれた女性は、子どものころに男性から不快な関心を向けられたことと関係があるかもしれないと書いていましたが、おおいにあると思います。彼女は男性からの視線でいやな気持ちになったとき、それを自分の体のせいだと思ってしまったのです。不適切な性的メッセージを向けられたせいで、侵害され、怯え、嫌悪感を覚えて、無意識のうちに「私がこんな体をしていなければ、これほどいやな気持ちになったり、怖くなったりすることはなかった」と解釈してしまったのです。不快な関心を向けられると、自分の見た目が必要以上に気にかかるようになります。加齢による体の変化に私たちが戸惑うのは、そのせいです。

自分の体に自信のない男性もいますが、一般的には、男性のほうが大きなおなかをぽんと叩きながら、にっこり笑っていられる人が多いように思います。身体の変化に関して、女性が感じる不安は段違いに大きいのです。

先の章でも述べたように、慣れ親しんだものを真実と取り違えるのはよくあることです。だいたい、何が美しくて何が美しくないかなど、誰が決めるのでしょう。もしあなたがこのメールを自分のことのように感じるなら、もっと胸を張ってください。魅力的ですばらしい体であることを誇りに思う練習をしてみましょう。これ以上1日も無駄にせず、素敵な自分を存分に楽しんでください。たとえ自信がなかったとしても、堂々と行動することに慣れてください。自信があるふりをしているうちに、本当に自信がつくのです。

もう1通、加齢による悩みについて書かれたメールを見てみましょう。退職した女性から届いたもので、テクノロジーの進歩から取り残されていくような気がすると言います。

私は退職した独り暮らしの女性で、幾度ものロックダウンのあいだ、孤立しているように感じていました。きっとテクノロジーに頼るのが正解なのでしょう。確かに、それがうまくいっているときはいいのですが、世界からさらに切り離されたように思えることもたびたびありました。たとえば、ビデオ通話でミュートの解除方法がわからなかったときなど、閉じ込め症候群になったようでした。パンデミックをやり過ごして、物事はずいぶんましになりましたが、新型コロナウイルスがテクノロジーをぐっと進化させた点に関しては、いいことばかりではありません。そうした技術は、私には常にうまく使いこなせるわけではないのです。

先日、お昼にパブへ行ったとき、ランチをあきらめなければなりませんでした。アプリで注文することができなかったからです。スマートフォンは持っていますが、いつも苦労させられています。かかってきた電話を取ることさえ何カ月もできないままだったので、相手が切るのを待って、こちらからかけ直さなければなりませんでした。

新しいデバイスを買っても、説明書すら付いてきません。スマートフォンを使いこなし、すべてをそこで見る（!）ような人たちとの距離は広がるばかりです。自分がこの世界の住人でないような気がします。この先、事態が好転するようにも思えません。

最初に白状しておくと、ますますテクノロジーに頼らなければならないこの状況は、私にとっても頭痛の種です。自宅のセントラルヒーティングさえ使いこなせず、地方税の支払いのたびにパスワードを忘れています。インターネットが最初に開通したときにはとても便利だと思いましたが、何事も常に変わりつづけます。最近は「アップグレード」という言葉を聞くと身震いしてしまいます。ビデオ会議のためのアプリの使い方をやっと覚えたと思ったら、そのアプリがアップグレードされたり、参加しているグループが別のソフトを使いだしたりして、また一から覚えなおさなければならないのですから。自分をアップデートするためにYouTubeで動画を見るのはもううんざりです。テクノロジーと一緒に育ってきた若い人たちはちょっといじっただけで直感的にすぐに使えるようになりますが、私たちは違います。

まあ、そんな不平不満は脇へ置くとして、何か新しいことを学ぶのは、年配者の脳にとってはいいことです。たいてい、自分で思うより多くを身につけることができるものです。必要なら、家電店に行って助けを求めればいいのです。私は何回でも行きます。使い方が頭に入るまで、何度も教わって練習する必要があるからです。

年配者であることの最大の利点は、思ったことや希望をそのまま口にしても、だいたい許されるところです。私たちに褒めてもらえることがあるとすれば、人にどう思われようと、そんなに気にしないすべを身につけている点です（「そんなに」のところに留意してください。他人のことをまったく気にしないようだと、反社会性パーソナリティ障害への道を進むことになります）。
100歳になった祖母に、その年齢になって何かいいことはあるかと尋ねると、「この年になってようやく、好きにしゃべっても大目に見てもらえるようになったね」と言っていました。よかったね、おばあちゃん。

しかしここでは別のことも起こっています。年配者の大半は、自分がグループの中心ではなく、隅《すみ》にいるように感じています。この女性には（そしてあなたや私、私たち全員に）、他人から目を向けてもらえず、孤独な部分があるのです。だからもし、年を取ることで世の中から取り残されて孤独になるしかないと感じているなら、そう感じているのはあなただけじゃないと知ってほしいのです。他人に目を向けてもらえない、人に知られていない側面は誰にでもあります。しかし、たとえそう感じられないときがあるとしても、あなたはれっきとしたこの世界の一員なのです。

悲しみに対処する

愛する人の死は、私たちの人生に深刻な変化をもたらします。悲しみにまつわるメールには深く心を動かされます。愛の代償は悲しみなのだと、私はときどき言っています。悲しみについて書かれたメールの多くに、愛の深さと重さを感じます。次のメールは悲しみを訴える母親から届いたもので、忘れがたい多くのお便りのうちの1つです。

私は3人の子どもの母ですが、そのうちの1人を赤ちゃんのときに亡くしました。あとの2人は現在34歳と29歳で、たぶん無意識のうちにこの2人は死なせまいとする気持ちが強く働いているのだと思いますが、子どもたちのことは精神的にも（人間関係や仕事、何か足りないものがあるとき、友達のことなど、とにかくなんでも）、経済的にも、物理的にも、支えつづけてきました（必要ならいつでも、すべてをなげうって駆けつけます）。

このことは、経済的に支えてくれている夫にも、影響を与えています。夫はものすごく寛大ですが、私と子どもたちの絆が理解できず、なぜあの子たちがこんなに私を頼ってくるのかもわからないようです（夫には自分自身の子がいませんし、何かあったときに、私の子どもたちのように自分が親に電話をかけるところなど想像もつかないそうです）。問題は明らかに私にあります。昼も夜も心配しつづけ、いつも夜驚症《やきょうしょう》や不眠症に悩まされています。自分は親として出来損ないなのだという思いと、なんとしても子どもたちを幸せにしなければというプレッシャーに押しつぶされそうです。私は幼いころに両親を亡くし、つらい子ども時代を送りました。双子が生まれる前は抗鬱剤を飲んでいたのですが、副作用があるので、薬なしで鬱を克服しようと決めました。けれどいま、ひどくぼろぼろな気分です。どうしたら、うまく対処できるようになるのでしょうか。

幼いころに両親を失った彼女に、深い同情を覚えます。彼女の中にはいまも、少女だったときの傷つきやすい部分が残っているのでしょう。当時の彼女からは、ふつうの子どもが当然持っているような安心感がすべて奪われてしまったのだと思います。その後、自分の大切な人々に何か悪いことが起こるのではないかという不安が拭えなかったのも当然です。そして回復しはじめた矢先に今度は赤ちゃんを失い、両親を亡くしたときの古傷が開いてしまったのでしょう。こうした不安はよくわかります。

骨に深く染みついた昔のトラウマは、言葉で表現されることはなく、漠然とした不安や根強い心配事として浮かびあがります。単純にロジックで払いのけることはできません。これは私たちが壊れているからではなく、人生の脆さに対して敏感である証拠なのです。大きな喪失に苦しんだ経験のある人は、まわりの人々が突然いなくなることはないと容易には信じられなくなり、流れに身を任せるような楽天的な生き方ができなくなって、柔軟性を欠き、不安とともに生きていくことになるのです。そうなった場合に問題なのは、すべてがうまくいっているときにも楽しめず、良好な状態が失われることへの不安のほうが大きくなってしまうことです。このメールをくれた女性もそうで、そんなふうに苦労している人々には、過去や将来のことを考えるよりも、いまを生きるように励ますことにしています。とりわけ就寝時には、心配事は脇へ置き、呼吸するときの感覚や音に気持ちを集中するといいのです。

悲しみを抱えたまま成長すると、その悲しみはずっと大きなままです。それが波のように打ち寄せ、当時の痛みを鮮明に呼び起こすこともあります。悲しみにはいくつかの段階があり、その段階を乗り越えれば、悲しみの向こうに到達できると説く理論もあります。しかし私の経験では、そういう理論に共感できる人はあまりいません。愛する人との死別は特別な旅であり、人はそれぞれのやり方でその旅を経験します。

次のメールは母親の死を何十年も悲しみつづけている女性から届いたもので、悲しみは、決められた予定のように片づけることなどできないのだと教えてくれます。

私は50歳で、夫と子ども2人と何不自由ない生活を送っており、これ以上望むものはありません。母は、私が25歳のときに突然亡くなりました。61歳で、死因は心臓発作でした。母がそんなに重い病気だったとはまったく知りませんでした。父は81歳のときに大腸がんで亡くなりました。

父が衰えていくのを見るのはとてもつらかったけれど、父の病気とそれに続く死はなんとか受けいれることができました。けれども（自分でも理由がわからないのですが）、母の死に対処する方法はいまもまだ見つけられずにいます。このメールを書きながらも、目に涙が浮かんでいます。亡くなって25年も経つのに、変ですよね。こんなことはもう終わらせなければ。

短期間、カウンセラーのところへ通ったこともありました。母が好きだった曲を聴いたりして、母の思い出にどっぷり浸るように勧められました。でも、それも役に立ちませんでした。いまだに母の死を克服できていないように感じます。これを乗り越えられるようなヒントがあれば、ぜひ教えてほしいのです。

若くして母を失ったとき、この女性はこれ以上ないほど大きなショックを受けました。まだ母娘《おやこ》の関係を築いている最中だったのです。大事な人が遺した心の隙間を自分で埋められる人もいますが、これからもっと相手のことを知りたいというときに死別すると、それが難しくなります。親が早すぎる死を迎えた場合にはなおさらです。

精神科医のフリッツ・パールズとローラ・パールズが生みだした、ゲシュタルト療法と呼ばれるセラピーがあります。このゲシュタルト療法でよく使われるのが2つの椅子です。1つにはあなたが座り、もう1つは空席のままで、これはあなたが決着のついていない感情を抱えている相手のための席です。そして、ちょっとまともではないように聞こえるかもしれませんが、あなたは空っぽの椅子に向かって、言いたいことをすべて、声に出して話します。それから――ここが要《かなめ》なのですが――次にその空いている椅子に移り、相手になりきって、相手なら自分にこう答えるだろうと思う言葉を発します。もしあなたが深く悲しんでいるなら、この方法で心の浄化を促す涙を流すことができるでしょう。悲しみから抜けだせずに行き詰まっているなら、こうした取り組みが助けになります。

先の女性と同じように、大半の人が悲しみに「対処」したいと思うものです。もしあなたも彼女と似た苛立ちを感じているようなら、「対処する《ディール》」モードから「感じる《フィール》」モードへ切り替えることをお勧めします。残念ながら、感情というのは対処すべきものではありませんし、それではうまくいかないのです。子どもの癇癪は叱りつけて収まるものではありません。あなた自身の悲しみも同じです。悲しみや苛立ちは消えることはなく、やがてその感情が再燃するような出来事が起こるまで、休眠しているだけなのです。

死の床にある老人が母親の名を呼ぶ様子に、私たちは深く共感することもあります。あなたがいま、何かを悲しんでいるなら、その悲しみを腹立たしく思ったり、その悲しみから逃れようとしたりしないでください。あまりにも傷が生々しくて大きな苦痛を抱えているのに、それを脇へ押しやってはいけないというアドバイスは妙に聞こえるかもしれませんが、涙が込みあげたときに恥ずかしく思ったり怒りを感じたりせず、何かを愛することの一部として悲しみを受けいれることができれば、その悲しみを抱えたまま生きていくのもずっと楽になります。

ベンジャミン・フランクリンは、人生で確実なものは2つしかないと述べています。その2つとは、死と税金です。亡くなった大切な人を生き返らせることはできません。私たちにできるのは、自分と悲しみとの関係を変えることだけです。悲しみを脇に押しやれば、より大きくなって戻ってきます。悲しみを進んで受けいれ、気を配り、穏やかに接し、怖れるのをやめれば、その悲しみが完全になくなることはなくても、悲しみを抱えたまま生きるのが楽になります。大切な人を失って傷つけば、その傷にまつわる深い感情を持ちつづけることになるでしょう。しかし悲しみを友として受けいれれば、悲しみが消えることはなくとも、煩わしく思うことは減っていきます。

知っておこう

深い悲しみは、「対処する《ディール》」ものではなく、「感じる《フィール》」ものと捉えましょう。悲しみを苛立たしく思ったり、脇へ押しやったりするのではなく、心の痛みや悲しみとうまく折り合いをつけましょう。

私は著書『健全さを保つ方法』（*How to Stay Sane* 未邦訳）の中で、健全な状態とは極端な堅苦しさと極端な無秩序の中間の道を進むことだと論じています。その道を進むには柔軟性が肝心です。変化を受けいれ、必要な場所に変化をもたらし、変化を進んで活用することが大事なのです。

人として生きるには、帰属意識を持つこと、社会の中に自分の役割と居場所があると思えることが必要です。私たちにとって一番大事な変化とは、家族の一員になったり、労働環境を選んだり、オンライングループに参加したりして、よりよい帰属意識を持てるようにすることです。帰属意識は、私たちが満足を得るための重要な土台となります。次の章では、これを詳しく見ていきましょう。

How We Find Contentment

第4章

人生に満足する

心の平穏、充足感、
生きる意味を見つける

私たちが人生に満足していると言いきれないのは、1つには「幸せ」に重きを置きすぎているせいではないでしょうか。「幸せ」とは、喜びを感じているまさにその瞬間であり、気持ちが高揚した状態なのです。たとえば、友人から予想外の連絡があったり、思いがけず仕事が早く終わって、まだ明るいうちに散歩する時間ができたりといった、喜ばしい瞬間を思い浮かべてください。「幸せ」とはこうした一時的な感情であり、ずっと幸せなままでいることは不可能なのです。

この最後の章では、あなたにとって「満足」とは何かに焦点を合わせます。満足とは、人生において満たされている状態のことであり、長期的に目指すべき心のありようです。すべての感情を——喜びだけでなく、困難なものも——受けいれるなら、感情を人生の案内役として活用することができるのです。この章のねらいは、さまざまな感情を理解し、うまく対処できるように手助けし、みなさんが幸せを感じる力を育て、安定した満足感を築くための一助となることです。

ストレスと不安を管理する

どの世代にもストレスはあります。入学試験や就職活動、あるいは嫌いな仕事にしがみつかなければならなかったり、衝突があったり、長期のスランプに陥ったり。婚活に妊活、子育ての思わぬ落とし穴、経済的な不安、住宅事情に関する不安、孤独、離婚、人間関係、人生の意義、またはより大きな成果を求めたり、もっとお金がほしいと思ったり、年を取ってから子どもができたり。さらに、もっと強い体を、もっといい性生活を、もっとなめらかな肌を、などといった望みは尽きず、そうこうしているうちにペースを落とすべき年齢にさしかかり、老後の計画を立てたり、体の不調に対処したりしなければならなくなります。

背伸びしなければできない物事、いままでにやった経験がなくてうまくいくかどうかわからない物事に取り組むのはストレスがたまります。悪くすれば、目標を達成しても、期待したほど安心感が得られないこともありえます。どんな年齢でも、内心の自己イメージと、外から見た現実の自分とのギャップに向きあわなければならないことはあります。

ストレスや不安の原因は無数にあり、すぐに終わるものもあれば、長く続くものもあります。しかし、ストレスがすべて悪いとはかぎりません。適度なストレスにさらされるのは、脳を健康に保つ方法の1つです。まったくストレスがないのは、精神がなんのトレーニングも受けていない状態です。よいストレスなら圧倒されてパニックに陥るようなこともなく、ポジティブな刺激となって、新しいことを学んだり、創造力を発揮したりするきっかけにもなります。何かを学ぶことで脳内に新しい神経経路がつくられますが、その数は多ければ多いほどいいのです。もし脳の一部が使えなくなっても、ほかに使える経路がたくさんあると、それがいちはやく連携し、損傷部分を回避することができるからです。

しかし、過ぎたるは及ばざるがごとし。継続する高レベルのストレスは、パニックや解離をもたらします。解離とは、思考、知覚、感情、行動のあいだのつながりが断絶することで、当事者にとっては意識に空白が生じたように感じられます。パニックや解離から、燃え尽き症候群《バーンアウト》につながる可能性もあります。では、これを避けるにはどうしたらいいでしょうか。

次のメールはある若い男性から届いたものです。彼は日常生活に支障をきたすほど強いストレスや不安を感じています。

ぼくは32歳の男性で、仕事はうまくいっていますし、愛する恋人もいます。ただ、子どものころからいままでにかなりのトラウマを経験し、健康問題もいくつか抱えています。現在の悩みは、毎朝身動きが取れなくなるほど強い不安を抱えていることです。起きて出かける気力もなく、顔を洗って着替えるだけで一苦労です。

実はそれだけではありません。安全な自室から出なければならないと思うと、体が反応して気分が悪くなるのです。現実逃避のために、同じテレビ番組をくり返し見ることもあります。心から安心できるのは、夜、みんなが寝静まって自分1人になったとき、周囲が静まりかえって世界に自分しかいないような気分になれるときだけです。

取り返しのつかない失敗をしてしまうのが怖いし、人から何かを期待されるのも怖いのです。他人からの期待でがんじがらめになり、自分はそんな期待になど応えられそうにないと思うと、心底恐ろしいです。職場でもまったくやる気が出ず、目の前の仕事をこなすだけで精一杯です。プレッシャーの多い仕事なので、ひとときも気が休まりません。どうしたらいいのでしょうか。

この男性にとっては、1人で過ごすことが落ち着きを取り戻す方法なのでしょう。結末まで知っているテレビ番組をくり返し見るのは、結果を正確に予測でき、未来をコントロールしている感覚が味わえるからです。トラウマを抱えた人がこうした行動をとることで落ち着くというのは理解できます。トラウマに関しては本章のもう少しあとで詳しく見ていきますが、トラウマがあるとショックを受けつづけているような状態になります。この男性も、体が常に臨戦態勢にあるのです。筋肉の緊張によって、次に「それ」が起こったときには（「それ」というのが何であれ）、ショックを受けなくて済むように、心の準備を強いられているのです。この男性のように、現在ではなく、過去の出来事に対して身構えてしまうことは誰にでもあります。しかしそうやって心配事に固執するのは、思ったほど役に立つ行動ではありません。

ストレスを管理するために、人は対処のメカニズムを発達させます。さまざまなことをオープンに語る人もいれば、瞑想をする人も、セラピーに通う人も、信仰に頼る人も、運動をする人もいます。一方、あまり有益とは言えない方法もあります。アルコールに依存したり、働きすぎたり、人にどう見られるかを気にして内面を犠牲にしたりしてしまうのです。徹夜をしたり、取り憑かれたように仕事をしたり、体のサインを無視したり、私生活や人付き合いを犠牲にしたりするのは、切羽詰まったときの一時しのぎならかまいませんが、そういう非常モードが常態化してはだめなのです。不健全な対処法はいずれ続けられなくなり、体が壊れたり動きづらくなったりして、破綻への引き金となります。

ある女性が、もう何年も前に克服したと思っていた摂食障害が、パンデミックと夫の死によってぶり返したと書いてきました。かつて拒食症だった人が、強度のストレスにさらされて症状を再発させるのはよくあることです。この女性だけではありません。パンデミックのあいだには、多くの人が自滅的な行動を再発させました。それだけストレスに満ちた、途方もない時期だったのです。

対処しきれない事態に直面するのは恥ずかしいことではありません。強さとは、ただ我慢強くあることではなく、自らの弱さを認め、それを抱えながら生きていけることです。困難な立場にある人にとって最も不要な感情は、恥ずかしく思う気持ちです。助けや思いやりは誰にでも必要ですが、まずはそれを自分に対して向ける必要があります。

暴走する思考を止めたいと思うなら、呼吸を意識することをお勧めします。いますぐやってみましょう。10秒ほどこの本を読むのをやめて、自分の呼吸を意識してください。それから次の20秒間（多少前後してもかまいません）、息を吸うことと吐くことに集中します。これが、現在の自分とつながりを持っている状態です。呼吸方法を意識して、呼吸のペースを落とすことができましたか？　朝、目覚めたら、ベッドに横たわったまま1、2分間、呼吸に意識を向けてください。思考がさまようことがあっても、すぐに呼吸に意識を戻しましょう。いま、私自身もつかのまキーボードをたたく手を止めてこのエクササイズを実行したことで、ほんの少し気分が落ち着きました。こういう小さな積み重ねが役に立つのです。1日5分、呼吸に意識を集中すれば、よい変化が生まれます。

また、もし不安を感じているなら、どの筋肉が緊張し、どの筋肉が弛緩《しかん》しているか、全身の状態を確認してみるのもいいでしょう。私はこれを救助犬の例で説明するのが好きなのですが、自分が救助犬を抱えているところを思い浮かべてみてください。あなたが撫でようとして手をあげると、犬はひるんだような反応を見せます。叩かれるのではないかと思うからです。この反応は過去の経験から来ていますが、現在の状況に対しても反射的に起こります。

私たちも同じです。過度に警戒しなければならない出来事が過去にあった場合、体は現在も緊張状態のままであり、そういう体のありようが感情にも影響を及ぼします。感情は体の中に抱きます。私たちにできるのは、あることを考えたり感じたりしているときに、体の状態を意識することです。そうすると、緊張した体をゆるめられるようになります。

試しに、すでに固くなっている体の部位にさらに力を込め、ほぐれている部位からは力を抜いてみてください。1度に1カ所ずつ試し、どう感じられるかを確認します。不安が大きくなったでしょうか、小さくなったでしょうか。ホッとするでしょうか、ストレスを感じるでしょうか。おそらく、脱力するよりも力を込めるほうが簡単なはずです。自分がどのように体を緊張させているかがわかると、それをリセットできるようになります。このエクササイズは、凝り固まった思い込みから抜けだして、頭をすっきりさせたいときにも有効です。

頭の中で渦巻く不安を鎮めるもう1つのテクニックとしてお勧めするのは、心配事をリストアップすることです。できるだけ具体的に書きだしてください。その後、「もし〜だったらどうしよう」と考えていたものを、すべて「もし〜だとしても、それがどうした」に書き換えてみます。そうやって表現を変え、自分の気持ちの変化を確認します。

内なる観察者を育て、維持することは、どんな人にも必要です。ストレスや不安を抱えていたり、過度に忙しかったりするときには、感情を意識することは最優先事項にはならないかもしれませんが、本当はぜひともそうする必要があるのです。感情は車のダッシュボードに灯る警告灯のようなものだからです。燃料切れを知らせる警告灯がついたときに、ふつうは警告灯を切ればいいとは考えません。同じように、感情も抑え込むのではなく、よく観察する必要があります。私たちが休むべきとき、遊ぶべきとき、他者とつながりを持つべきときを教えてくれるからです。警告を無視すれば、感情はさらに大声で叫びます。すると私たちの気分は悪化します。感情を無視して考慮せずにいると、感情が反乱を起こすリスクを抱えることになります。感情は従業員のようなもので、無視したり抑えつけたりすれば反発します。だから耳を傾け、何かを決断するときはその声を考慮に入れ、生かすことです。ただし、感情に支配されるべきではありません。何ごとも中庸が肝心です。何かを決めるときには、頭と心の両方に相談する必要があるのです。

しっかり観察することで、感情に利用されるのではなく、感情を利用することができます。何かしらの感情が現れたら注意を向け、耳を傾けて、行動するのはそれからです。そうやって観察すれば、その感情に同化してしまう可能性は低くなります。

メールの男性の話に戻りましょう。「私は怖い」と言うのと、「私は怖いと感じている」と言うのは違います。「私は怖い」というのは、その人が丸ごと〝怖い〟という感情と同化した状態ですが、「私は怖いと感じている」と言えば、その人の一部が別のところから観察していて、客観的な判断ができる状態を表します。そうやって、ただ感情に反応するだけでなく、感情を考慮しながら行動することができるのです。

では、内なる観察者を育てるには、どうすればよいのでしょうか。それには自分の気持ちを振り返り、日記をつけるのが効果的です。この日記は、あなたのさまざまな感情を観察するだけの場です。感謝、不安、愛情、怖れなどを表現する場ではありません。観察者の視点で発言してください。たとえば、「私は不安だ」ではなく、「自分が不安を感じていることに気づいた」と書いて、自分とネガティブな感情とのあいだに距離を保つようにします。自分の中の不安に「心配性さん」（またはもっとふさわしい別の名前）などと名前をつけることで、さらに距離を置けるでしょう。些細な工夫ではありますが、これが違いを生むことはいずれわかるはずです。

先のメールの男性にそうアドバイスしたところ、自分の不安に名前をつけることで、想像以上に大きな変化が生まれたという返事をくれました。自分の気持ちを人に伝えただけで（たとえそれが見知らぬ人に宛てたメールでも）、少し肩の荷が下りたのでしょう。すべてを書きとめることが自分を観察するよい機会となり、完全に不安に呑《の》み込まれることがなくなったのです。

知っておこう

感情と同化するのではなく、感情を観察しましょう。自分の一部を中立に保ち、感情に完全に呑み込まれないようにするといいのです。

職場でのストレスや挫折については、大勢の人からメールが届きます。燃え尽き症候群に関する統計は誰もが知るところですが、個人にできることは限られています。社会の風潮にも非があるからです。人前では強くあるべきで、弱さを見せてはならないとする風潮に私たちが加担しているとすれば、私たち自身も問題の一部です。利益を生みだす人間よりも、利益そのものに価値を置いているとすれば、それも私たちの問題の一部です。従業員や契約相手に最低限の報酬しか差しださずに、できるかぎり多くを搾取しようとする非道徳的なやり口が、代わりにカウンセリングのセッションやマインドフルネスのワークショップを提供したからといって、帳消しにされてはならないと思います。組織が働き手を顧みないのは、人が感情を無視するのと同じくらい危険です。相手の話に耳を傾け、互いを思いやり、対立するのではなく、ともに働ける職場環境が必要です。

「内なる批判者」を観察する

誰の心にも批判者はいるものですが、なかにはとくに声の大きな批判者を抱えている人もいます。私たちは、成長過程でまわりにいる人たちと似た価値基準を身につけます。もし無価値な存在として扱われてきたとすれば、あるいは養育者と似た言動をしたときだけ褒められて育ったとすれば、そういう考え方が自然と身に染みつきます。あまり認めてもらえずに育つと、自分は何をしても不十分なのだと思うようになります。これは、自分の力を証明したいという欲求や、認めてくれなかった相手に自分が達成した物事を見せつけたいという強い思いとなって表れることがあります。しかしそのために何かを達成しても、決して満足できないのです。これが自己批判の仕組みです。内なる批判者は絶対に満足しないのです。

次のメールはある女性から送られてきたものです。彼女はとくに声の大きな批判者を心の内に抱えています。

私はもうすぐ40歳になる女性です。最近、どうしたら幸せになれるのか、自分はまったくわかっていないのだと気づきました。私は既婚者で、子どももいて、いい仕事に就いています。経済的にも不自由していませんし、文句を言うべきことなど何もありません。

けれども昔から、人生で一番の望みは作家になることでした。すでに大手出版社から本を3冊出しましたが、大きな成功には至っていません。本を出せただけでも誇りに思うべきだと人からは言われますが、自分のことは失敗者としか思えません。あきらめてはだめだと自分に言い聞かせていますが、がんばりつづける理由がだんだんわからなくなってきました。いまはただ、習慣でかろうじて昔の夢にしがみついているだけです。希望の火花が完全に消えてしまえば、あとに残るのは灰色の風景だけだからです。

自分が手にしているものに喜びを見いだし、虚しさを感じなくなるには、どうしたらいいのでしょうか。

この女性は作家になることを望み、実際にれっきとした作家なのですが、内なる声に「おまえは作家としては失敗者だ」と言われています。そういう声はだいたい役に立ちません。もしあなたもこの女性と同じように、何かを追い求めようとしても「おまえはまだまだだ」

「頭が足りない」「とにかく何もかもが足りない」という声が聞こえてくるようなら、その声はどこから来るのか、自分に問い直してみてください。その声を聞いて誰を思いだしますか。失敗を怖れるあまり、何かに挑戦することを認めてくれなかった親でしょうか。過度に批判的な教師でしょうか。外から見える成功がすべてであり、自分の役に立つという理由だけで何かをしても意味がない、と誰か（もしくは何か）に言われたのでしょうか。それが誰であれ、もしかしたらあなたの助けになろうとしたのかもしれませんが、彼らが実際にしたのは助けるのとは正反対のことです。その人たちが間違っていると証明するために、いまよりもっと輝かなければ、などと考えて、自分にストレスをかけないようにしてください。

私たちは、この内なる批判者の存在をしっかり認識するべきなのです。批判の声が正しいと思い込むのではなく、批判者を観察できるようになりましょう。その批判は正しいわけではありません。あなたにとってなじみがあるというだけです。そこには違いがあるのです。批判者を黙らせることはできません。批判者はしゃべりつづけるでしょうが、私たちはそれを観察し、自分から切り離して、小さな防音室に閉じ込めてしまえばいいのです。いずれまた折を見て出てくるでしょうが、そのときにはこう言いましょう。「こんにちは。また来たんですね。でも、今日は間に合ってます」。内なる批判者と会話をしたり、関わったりしてはいけません。自分のことを否定的に表現していると気づいたら、そういう自己批判的な考えとは距離を置いてください。それは真実ではなく、ただの習慣であり、あなたの気を滅入《めい》らせるだけのものです。

もちろん、失敗することは誰にでもありますが、何かを学ぼうとするときに間違いは避けて通れません。仮に何かを間違えたとしても、それはたいてい修正できます。一方、内なる批判者はありきたりなことをぶっきらぼうに言うだけです。たとえば陶芸をしているあなたに、「釉薬《ゆうやく》に酸化銅を入れすぎたんだね。だから緑じゃなくて黒っぽくなってしまったんだ」といった有益なアドバイスをするのではなく、「おまえは役立たずだ、陶芸なんかできるようになるわけがない」などと言うのです。これが距離を置くべき、内なる批判者のしゃべり方です。

内なる批判者の声に耳を傾けたり、従ったりするのではなく、自分に喜びをもたらす物事にエネルギーを注ぎましょう。自分自身の望みや希望、夢に関わることをするのです。ときどき、上手にできなければやってはいけないと思い込んでいる人がいますが、私が地元の聖歌隊に入ったときは、そんなふうには考えもしませんでした。歌がすごくうまくなったわけではありませんが、みんなで声を合わせて歌うのがとても好きだし、いい友人もできました。

自分のことを、よい、または悪いと決めつける必要はありません。完璧な出来か、まったくだめかの2つしかないと思っているようなら、現実的にものを見ることができていないのです。大事なのは、ずっとやりたかった物事を実際にやってみることです。これに気づくだけで、解放的な気分になれるはずです。

他にも、内なる批判者がよく出てくるのは、私たちが罪悪感を覚えるときです。罪悪感には2種類あります。役に立つ罪悪感と、神経症的な罪悪感です。罪悪感はダッシュボードの警告灯のようなもので、無視してはいけない感情です。自分が実際にやっている、もしくはやっていない特定の行動と結びつくのは役に立つ罪悪感で、これは何かを変える必要があるというしるしです。しかし最善を尽くしているのに罪悪感を覚えるなら、それは内なる批判者の仕業かもしれません。その場合には、漠然とした不安として感じられます。

こうしたことをすべて理解していてもなお、自分が失敗者のように思え、内なる批判者を黙らせることができないなら、失敗の捉え方を変えてみましょう。失敗したっていいのです。失敗は必要なことなのです。一度も失敗したことのない人に、何かを成し遂げることはできません。成功するかしないかは、自分自身に何を言って聞かせるかにかかっている部分もあり、外的な要因に左右される部分もあります。これに関して私が思いだすのは、ある男性がくれた次のメールです。彼は嫉妬について書いてきました。

最近になって、自分が嫉妬深い人間だと気づき、ひどくみじめな気持ちです。友達に対しても、恋人に対しても、SNSを通して眺める人々に対しても、「成功」や才能の片鱗が見えるとすぐに嫉妬してしまいます。他の誰かのポジティブな姿勢を見るたびに、自分にはない資質のように思えて、私の得点表にはまたマイナスのしるしがつくのです。

自分や自分の仕事を他の誰かと比べ、自分のほうが「成功」しているかどうか、より楽しい時間を過ごしているかどうかを確認することに毎日時間を使っています。街を歩けば必ず自分より才能にあふれた人たちが目につき、自分には絶対につくりだせないようなアート作品や、絶対身につけることのできないスキルを見るはめになります。

どうして自分の作品は他の人のものより見劣りするのだろうと、いつもそればかり考えています。私はクリエイティブな業界で、フリーランスで働いています。だから世の中のすべての人の作品が比較対象なのです。それが気分の落ち込みや鬱の悪循環につながっています。どうしたら、嫉妬で目をぎらつかせたモンスターを倒すことができるのでしょうか。

モンスターを倒すことはできませんが、見方を変えることならできます。羨望《せんぼう》と嫉妬を切り離して考えましょう。嫉妬は、例えるなら、お母さんを独り占めしたい子どもの気持ち、あるいは、ライバルに悪いことが降りかかるように願う気持ちです。羨望は、自分がほしいと思うものを誰かが持っているときの気持ちです。これを悪いことと思うのではなく、情報と見なせばいいのです。私たちには、人生において自分が本当に求めるものが何かわからなくなることがありますが、羨望はそれを見きわめるときの助けになります。病的な状態と捉えるのではなく、自分が求めているものを認識し、それを追求するためのモチベーションとなる、よくある心の動きの1つと考えればいいのです。

知っておこう

羨望を感じたら、自分が何を求めているか知るための情報と捉えましょう。羨望は、自分の望みを見きわめ、やる気を起こすきっかけになることもあります。

ただし、羨望が内なる批判者の声を増幅させてしまうことがあります。多くの人が、自分はきょうだいより劣っている、もしくは勝っていると考える習慣を、子どものころに身につけています。そして大人になってからも、それをすべての人間関係に当てはめ、常に自分を誰かと比べている可能性があります。誰かの成功によって自分が責められているように思えるなら、それは他者の見かけ上の成功と、自分の内側にある劣等感を比べているからです。つまり、他者の外面と自分の内面を比べているのです。羨望について、友人、パートナー、同僚と話しあってみてください。そして彼らがどう感じているかを知ってください。羨《うらや》ましく思う気持ちを自分の中だけにとどめようとすると、内なる批判者の力が増大します。

他人はいつだって自分より才能に恵まれているものです。他人をライバルや苦痛の源と見なすのではなく、他人から学び、ともに働きましょう。自分にはない資質を誰かが持っているなら、そういう人と協力すればいいのです。チームで仕事をする意味はそこにあります。それぞれが異なる資質を持ち寄って問題を解決するのです。すべてを1人でこなす必要はありません。

頭の中の独白に耳を傾けてみてください。いつもと同じパターンにはまっていませんか？拒絶に直面したときに自分がどんな独り言を言っているか、あらためて考えてみてください。

あなたはどう思っているでしょうか。

a．あの人たちにはビジョンがない。何も変えずにこのまま続けよう

b．彼らが正しかったのだ。もうあきらめよう

c．あの意見は受けいれがたい。でも、役に立つ部分もありそうだから、いくらか変更して、もう一度やってみよう

あなたがa、b、cのどれに当てはまるとしても、それは過去の経験の積み重ねの結果であり、現在の状況で最も生産的な方法を選んでいるわけではないのです。自分が比較のゲームをしているのだと気づいたら、それに気づけたことを喜び、視点を切り替えましょう。一夜にして向上することはなくても、実践を重ねるうちにいずれ変化は訪れます。古い習慣でしているだけのことなら、新しい習慣で塗りかえればいいのです。

犯人捜しをやめる

内なる批判者は、私たちが問題に取り組もうとするときに邪魔をすることもあります。人生の別の問題を持ちだして気を逸らそうとするのです。

ある70代の女性から、後悔と失望で消耗しているというメールをもらいました。自分は一見幸せそうで、社交性と落ち着きを兼ね備えた人間で、交友関係や興味の幅も広いと思われているけれど、そうした見かけのせいで内側に抱えた不満が覆い隠されているのだと、彼女は説明してくれました。実は若くして結婚してしまったことを後悔し、夫を本当に愛していると感じたことは一度もないと言います。夫に消えてほしいと思うことさえあり、結婚したてのころ、自分が浮気をしたあとでさえ夫からの愛情が揺るがなかったことや、絶えずサポートしてもらったことを思うと、ひどく恥ずかしくなるそうです。

浮気のあとの数カ月は離れて暮らしたものの、彼女は寂しくなって夫のもとへ戻りました。以来、2人は50年以上一緒にいます。子どもがいて、孫もいて、感謝すべきことがたくさんあるのはわかっているけれど、もっと魅力を感じる相手、もっと自分にふさわしい相手を選ばなかったことをいまでも後悔しているそうです。彼女はキャリアについても同じように感じています。仕事には熱中しているし、外から見れば成功しているようであっても、実は満足していません。こうした不平不満と後悔にまみれた思考を捨て、満足を見いだしたいのだと、彼女はメールに書いてきました。

常に「完璧な選択」が存在すると思うのは、どこかで身につけた価値基準の1つにすぎず、疑ってみてもいい点です。私が薄々感じているのは、この女性は夫選びに失敗したのではなく、どんな選択をしても、間違いだったと思い込んでしまうのではないかということです。だからキャリアについても同じような不満を感じています。もちろん、自分の人生には「運命の分かれ目」のような瞬間があったのではないかと考えることは誰にでもありますし、人生において多少の後悔を抱えているのはごくふつうのことですが、彼女は不満が自分の内側の問題であることに、頭のどこかで気づいています。結局のところ、彼女は別の夫や別のキャリアを見つけるために助言を求めてきたわけではありません。この女性は自分の問題を「不平不満と後悔にまみれた思考」だと正しく見きわめています。間違っているのは選択ではなく、その選択をめぐる思考がすべてを台無しにしているのだと、心の底ではわかっているのです。

この女性にとっては不満がデフォルトの感情であり、「後悔のゲーム」をすることで燃料を注ぎ、その不満を燃やしつづけているのです。彼女は結婚とキャリアについて後悔していますが、大学入学資格試験の選択科目について後悔していたり、住まい選びについて何か心残りがあったとしても、まったく意外ではありません。では、ここでは何が起こっているのでしょうか。

この女性がしているのは「後悔のゲーム」ですが、ほかにも多くの「ゲーム」(言い換えれば、悩みを引き起こすものの考え方)があります。心配のゲームが好きな人もいます。ある心配事が解消したとたんに、次の心配事が視野に入ってくるのです。こういうゲームをすることで、私たちは自分自身を疑ってみることを回避しようとします。自分のいつもの気分は、内的要因ではなく外的要因によるものだと信じているのです。なにも、外的な状況や出来事が感情に影響を与えることなどないと言っているわけではありません。ただ、習慣的な気分や状態に注意を払ってほしいのです。その状態が快適なものでなくても、私たちはそこにはまり込んだままでいられるからです。その状態は自分の力で変えることができます。

知っておこう

不満の原因を探すとき、自分の内側を見つめるよりも、外的な要因を求めるというのは、誰もが陥りやすい罠です。

1960年代に、重篤なてんかん発作を抑制する方法の1つとして、左右の大脳半球を結ぶ脳梁《のうりょう》を切断する手術が用いられるようになりました。神経科学者のロジャー・スペリーと彼のチームはさらに研究を進め、左右の大脳半球のあいだで情報の伝達がおこなえなくなるとどうなるかを確認するために、ある実験をしました。人は自分が感じていることについて、なぜそう感じているのかという理由を常に考えているものですが、その際に思いつく理由の大半が実はまったくのでたらめであることが、その実験で判明しました。私たちが自分の感情をめぐって紡ぐストーリーやその理由は、完全な虚構なのです。

研究者が「歩け」という命令を、被験者の右の大脳半球につながる視野にほんの一瞬だけ入れると（これは被験者の右目を覆うことでおこないます。左目が脳の右半球につながっているからです）、被験者は立ちあがって歩きました。なぜそうしたのかと訊かれると、どの被験者も必ずなんらかの理由を答え、「わからない」とか、「そういう衝動を感じた」とか、「実験で合図が示されたから」とは言いませんでした。こういう状況では、人は物語をつくりだします。どうしてもそうなってしまうのです。被験者たちは、「コーラを取りに行きたかった」とか「ちょっと体がこわばったので、歩きたくなった」などと言いました。つまり、辻褄《つじつま》を合わせようとする脳の部位は（実験では、感覚をつかさどる脳の部位から切り離されているわけですが）ストーリーをつくりだすのです。

私たちは、たとえ左右の大脳半球が切り離されていなくても、感情や行動の理由をつくりだします。脳が理由を思いつかなければ、最も近くにある物や人に目を留め、それ、もしくはその人が、自分の不幸の原因であると考えます。先ほどのメールの女性の場合、不満の理由として書かれていたのは、自分が間違った相手と結婚してしまったこと、もしくはあまりにも若いうちに結婚してしまったことでした。たとえ夫と別れていたほうがもっと不幸だったとしても、彼女は「彼が間違った相手だったことが不満の原因だ」という物語にこだわるでしょう。本当の感情を精査するのは難しいのです。昔の記憶を再現して、実際の体験から理由を切り離すことは簡単にはできません。なにかしらの感情を持つとき、私たちは必ずその裏で何かを考えたり、理由づけをしたりして、その感情を正当化しているからです。

心理療法士としての経験から言うと、物語にこめられた感情のボルテージが高ければ高いほど、本当の理由が語られている確率は低くなります。単なる事実に関しては、感情的にニュートラルでいられるものです。私が草は緑だと言ったとして、もしあなたが草は青いと思っていたとしても、あなたの意見が自分と違うからといって私が腹を立てることはありません。しかし、私が事実であると信じたい物事について、もしあなたが「それは1つのアイデアに過ぎないのではないか」と疑問をなげかけたとしたら、私の感情は昂り、反応は熱を帯びるでしょう。たとえば、あなたが「犬はいつだって猫よりいいペットだ」と言ったとしたら、私たちは激烈な争いをくり広げることになるはずです。

メールの女性が夫について考えるとき、自分の不幸は選択を誤ったせいだとする習慣的な思考のプロセスを守るために、おそらく彼女の感情のボルテージは上がっています。実は彼女は選択を間違えたわけではなく、本当は申し分のない夫かもしれないし、私だって犬を友として頼れるようになるかもしれません。思考やそのプロセスは習慣として身についているものですが、それは単なる習慣であって、唯一の真実ではありません。

問題を自分以外の人や物のせいにするかわりに、ネガティブな感情や経験を自分の体のせいにする人もいます。身体醜形障害とは、自分の体の欠点と思える部分について考えるのをやめられない精神状態のことです。他人から見てそれが欠点であるか否かは関係がありません。自分がそれを恥じ、くよくよと思い悩み、人生にマイナスの影響を与えるところが問題なのです。この身体醜形障害は、子どものころにからかわれたり、いじめられたり、過度に批判されたり、虐待を受けたりした結果として、生じることがあります。自分の体についてオープンに話すのは簡単なこととはかぎりませんが、自分の体の形状に居心地の悪さを感じなくなれば、それは大事なはじめの一歩です。

次に紹介するのは、ある中年男性からのメールです。この男性はどうやら身体醜形障害に悩んでいるようです。

私はペニスが小さいのです。14歳かそれくらいのころ、学校の更衣室で「モノがちっちゃい」とある少年から大声でからかわれました。屈辱的でした。そのときまで、それがそんなに重要なことだとは思いもしなかったのです。

メディアによれば、それは笑えることで、男として劣っていることのしるしらしいのです。「男らしさ」という言葉は、大きなモノを持っているという、男として望ましい特徴の婉曲《えんきょく》表現として使われます。

私はいま55歳で、3児の父で、妻とは愛情深い幸せな関係を築いており、性生活も順調です。きっとあなたは、パートナーが満足しているなら、そんな不安はさっさと克服するべきだとおっしゃるでしょう。私には感謝すべきものがたくさんありますし、もう昔のように「遊びまわる」こともなさそうです。しかしそれでもくよくよと悩み、落ち込んでしまうのです。そんなことをかれこれ40年も続けてきました。

私は「どうせしくじるだろう」と思われながら、期待されずに育てられ、自尊心の低さと、人として不十分であることを恥じる気持ちが心に深く根づいています。だからこういう「必要な基準に満たない」ことの「エビデンス」は私の劣等感を煽るのです。

カウンセリングも受けましたが、真剣に受けとめてもらえないように感じました。自分には理想的なやり方で「基準に達する」ことはできないのだと思うと、いまだに胸が張り裂けそうになります。平均より小さいペニスを持つ全男性を公然とあざ笑うことが許されているような風潮に、心底怒りを覚えます。「ああ、あいつの車はデカくて、ボンネットも長いな。ナニが小さいことの埋め合わせのつもりか？　ハハハ」といった具合です。私にとってはきわめて重要な問題に思える（そして大半の人から偏見を持たれる）この身体的特徴をものともせず、恥ずかしい気持ちを隠そうとする弱さをはねのけて、自分を愛せるようになるには、どうしたらいいのでしょうか。

文面から、彼がどうせ失敗するだろうと思われながら育ち、自分は無能なのだと思うようになったことがうかがえます。ペニスのサイズは無能である証《あかし》などではなく、彼の頭の中で、子どものころから日常的に受けてきた扱いの象徴になっているのだと思います。彼にとって、ペニスが人生のすべての問題のスケープゴートになっているのです。14歳のときに更衣室で身体的特徴に関して侮辱されたとき、彼の脳はそれを、無能だと思わされてきた他のすべての瞬間と結びつけてしまいました。それまで毎日のように受けてきた侮辱が、罪のない体の一部にすべて押しつけられてしまったのです。その後、公私を問わずさまざまな場面で小さなペニスについて耳にするたびに、苦痛がさらに膨らんでいったのでしょう。

身体醜形障害が表れる場所はたくさんあります。この男性のように、体の特定の部位だったり、体重、身長、性別、顔立ち、皮膚の状態など、挙げればきりがありません。どこに表れるかはさして重要ではないのです。重要なのは、そこが心理的な苦痛の象徴になっているという事実です。身体醜形障害の症状がある人の場合、心理的な苦痛は（ときには無意識のうちに、しかし多くの場合、はっきり意識して）常にその特定の場所へと向けられます。

安全な形成外科手術を受け、気にいらない部位を「直す」ことができれば、症状は消えるのではないかと思う人は多いかもしれません。しかしそれほど単純な問題ではないのです。気に入らない部位を直しても、その結果に満足することがないからです。身体醜形障害では、悪いのは体のその部位ではありません。その部位は、子どものころに受けた心理的な傷の責任を負わされているだけなのです。その体の部位が悪い、あるいは社会が悪いと感じられるかもしれませんが、本当に悪いのは子どものころに植えつけられた自分に関する思い込みなのです。

内なる批判者の声を完全に遮断するのは不可能かもしれませんが、いままでと異なる捉え方をすることならできます。他人を責めたり、自分の選択を後悔したり、ネガティブな感情を体の特定の部位と結びつけたりしているとき、内なる批判者の声が侵入してくるのに気づいたら、それをコントロールしましょう。まずは観察から始めます。その声を完全には遮断できないことを受けいれつつ、真《ま》に受けるのはやめましょう。内なる批判者の言いなりになってはいけません。批判者の声に同化するのではなく、観察するのです。すると徐々に、影響を受けずにいられるようになるはずです。毎日実践する必要があります。その時間をつくってください。内なる批判者は長年のあいだ、あなた自身に関するネガティブなメッセージを送りつづけてきましたが、その声は真実を告げているわけではありません。あなたがその声に慣れてしまっているだけです。

観察が上手になると、自分の感情を自分でどう受けとめているか、より明瞭にわかるようになり、自分ででっちあげた偽物の理由と感情とを切り離して考えられるようになります。すべての感情に理由があるわけではないのです。理由がないことに耐えられないようなら（それに耐えられる人は多くありません。人間は意味を求める生き物だからです）、よりよいストーリーを考えましょう。自分に対して語るだけのストーリーなら、責任を自分でまるごと引きうけることができます。楽観的なストーリーをつくりだしてください。それも真実ではないかもしれませんが、第1章でも述べたとおり、せっかく空想するなら、楽しい空想のほうがいいのです。ネガティブな物事よりも、ポジティブな物事にもっと気持ちを集中できれば、自分の思考の舵取りも容易になります。

重度の身体醜形障害は、自然によくなることはほとんどありません。放置すれば、時が経つにつれて悪化することもあります。標準的な治療は、認知行動療法か、抗鬱薬の服用です（併用もありえます）。もし、身体醜形障害の説明に自分が当てはまると思ったら、かかりつけ医に相談することをお勧めします。個人的には、催眠療法も（標準的な治療法とは言えませんが）身体醜形障害の治療に向いていると思います。心理的な傷と特定の体の部位とのあいだのつながりを断ち切る必要があるからです。

知っておこう

内なる批判者の声を真に受ける必要はありません。批判者と同化せず、観察するだけにとどめましょう。観察の結果が、より満足できる人生のヒントになることもあります。

トラウマに向きあう

子どものころのトラウマ（心的外傷）の影響については、昔と比べてはるかに理解が進んでいます。それにしても、トラウマとその影響に関する話はたくさん耳にします。どれも胸にこたえる話ばかりです。ある男性から、困難な子ども時代と、いまでもつきまとうその影響について、切々と綴ったメールをもらいました。

　もう生きていることに耐えられません。ぼくは堅実な仕事に就いていますが、自分が会社にとって必要な人間であることを証明するために長時間働かなければなりませんし、それには多大な努力が必要です。すばらしい妻とかわいい子どもがいて、もうすぐ次の子も生まれてきます。しかしぼくはただ存在しているだけです。今年になって唯一自発的に行動したのは、家族全員が新型コロナウイルスに感染したときでした。そう、生きていくことが大変なのは百も承知です。ごちゃごちゃ言わずに努力しろってことですよね。

　子どものころから、ずっとこんな調子です。ぼくが経験したのは、たぶんあなたがもう何百回も聞いてきたような話です。父が亡くなり、継父は家族全員を虐待して、母はゾンビのようになり、姉とぼくは孤立無援でした。完全に消えてしまいたい（電話もないような寒々とした不毛な土地で、木を切って暮らす）とか、ひどく暴力的な事件に巻き込まれるようなこと（車に轢《ひ》かれるとか）ばかり空想していました。もう1つ、子どものころからぼくがよく思い描いてきたのは自殺することですが、いまは家族を養わなければならないので、これは後回しです。

自分なんか存在しなければいい、生まれてこなければよかったのに、と思います。自分の人生全体が汚れ物のような、何かの間違いのような気がします。いまは子どもがいるので、すぐに自殺するつもりはありませんが、それで行き詰まっています。妻はセラピーを受けてはどうかと言います。ぼくは受けても現状維持がせいぜいだろうと思います。セラピーで単調な人生がバラ色に変わるとは思えません。もしかしたら、単調な人生を受けいれるスキルくらいは身につくのでしょうか。そしてそれを受けいれつつ、いつか自分の存在が消えてなくなることを慰めに、いまは生きつづけるべきなのでしょうか。

ずいぶん身勝手に聞こえますよね。子どもが第一なのに！　だけどこんなに何も感じられないのに、子どもを第一に考えるなんて無理です。そうできたらどんなにいいかと思うのですが。ぼくはただ時間をつぶしているだけなのです。

自分の経験などありふれた話だろうと思うことで、この男性はトラウマを軽減しようとしています。大勢の人の身に起こることだからと自分に言い聞かせているのです。しかしトラウマを引き起こすのは、珍しい出来事や驚くべき出来事だけではありません。痛手をこうむると、現実に即して理性的に感情を語ることができなくなります。人はそうするべきだからという理由で気持ちを変えることなどできませんし、有害な影響を受けているのは彼の「身勝手」などではありません。脚を骨折した人に「ごちゃごちゃ言わずに努力しろ」などとは言いませんし、トラウマの余波に苦しんでいる人に対しても同様です。

母親が「ゾンビ」のようになったと書かれているのは、おそらく心と体が分離してしまったからでしょう。彼自身も同じ状態なのではないかと思います。生きていくのが怖くなり、人生に立ち向かうのも難しいとき、体にできるのは心を切り離すことだけです。そして心と体のあいだにつながりがなくなると、自分の人生を生きているように感じられなくなります。感情をつかさどる脳の部位は、遮断されているあいだもトラウマにまつわる感覚や記憶が表に出てこないように隠しつづけます。その間、私たちは理性的な部位を働かせて仕事に行き、お金を稼ぎ、よい人間関係を築くこともできますが、その真価を味わう余裕はありません。

このように感情を切り離すのは、遺棄や虐待を乗り越えるための1つの方法です。身体的な反射なのです。体が動けなくなっても、心だけを逃がすことができるのです。こうした解離や抑圧が厄介なのは、ある特定の感情だけを鈍化させることができないからです。1つの感情を鈍らせると、すべての感情が鈍ってしまうのです。あいにく、この鈍化は脅威が去ったあとも長く続きます。解離とはどういうものか、そしてそれが生じたときにどう見分けたらいいのかがわからないかぎり、コントロールすることは不可能に近いのです。

解離の種類はさまざまで、受けられる治療もいろいろとあります。推奨されるセラピーの1つに、ＥＭＤＲと呼ばれるものがあります。これは「眼球運動による脱感作と再処理法(Eye Movement Desensitization and Reprocessing)」の略称で、この治療では脳内の感情的な部分と理性的な部分を接続しなおして、記憶や感覚をコントロールできるようにします。ある経験を抑え込み、その経験を言葉で（あるいは絵で）表現することを避けていると、あとになって思いだしたときに当時の感情を再体験することになります。あるいは、そういう感情を再体験することで身の危険を感じてフラッシュバックを起こし、トラウマのもとになった出来事が、いまこの場で起こっているかのように感じられることがあります。そのときの感情が悲しみや恥や恐怖だった場合、また弱った状態に戻るよりは、その感情を怒りに変えてしまったほうが楽だと思う人もいます。

トラウマは過去のものとして扱うことが重要です。そうしないと、その出来事が目の前で起こっているかのようによみがえるからです。たとえば、もしあなたが戦地にいて、戸外に出たせいで爆風を受けて怪我をしたとすると、その経験を抑圧し、戦争が終わって街が安全になっても怖くて家から出られなくなる可能性があります。外を怖いと感じる本当の理由は忘れてしまうかもしれませんが、それでも自然と足が止まるのです。その場合、事実とは異なる、自分で考えだした別の理由に固執していることもあります。しかし、過去と現在を切り離してトラウマの原因に対処すれば、当時の経験から解放され、充実した「いま」を取り戻すことができるのです。

困難な出来事は、思いきって言葉にしつづけるうちに、徐々にコントロールできるようになります。悪魔も箱から取りだして観察すれば、怖くなくなるものです。鉛筆を使えば芯の先が丸くなるのと同じです。とはいえ、トラウマに向きあって対処可能な形にすることと、トラウマを再体験することとのあいだには、明確な一線があります。心理学者のウォルター・ミシェルは、トラウマについて語ることは必ずしも状況を改善するとはかぎらず、むしろやり方によっては事態を悪化させることもあると指摘しています。

誰かが恐ろしい出来事を思いだそうとしているとき、私はその人に、私の目を見るように言います。悪夢の中に戻ってしまうことなく、いまは状況をコントロールできるのだと改めて認識してもらうためです。言葉にすることで、トラウマは現在進行中の出来事ではなく、過去のものになります。そのプロセスを手助けするのは、厳密な科学とはちがう1つの技術であって、毎回うまくいく保証はありません。

ミシェルは優れたテクニックを考案しました。トラウマの影響が軽減するのは、対象者が「壁にとまったハエ」の視点で、第三者の立場から自分を捉えて経験を説明できた場合であるといいます。そうやって距離を置くことで、苦痛な出来事から自分を引き離し、自己破壊的な思考に陥ることなく、より深く考えられるようになるのです。

トラウマに関する語りには、強迫観念に取り憑かれているとしか思えないものもあります。カップルの破局などのように、自分は絶対に正しいのに不当な扱いを受けたと対象者が感じているケースでそうなることがあります。人が自分の傷について語ることにこだわる様子は、傷を軽減させるどころか、むしろ悪化させているようにも見えます。私たちは友人のそういう態度にうんざりすると、「いつまで同じ牛から搾乳してるつもりだ?」と言ったりもします。これを心理学では、蚊に刺されたところを掻《か》くことに例えて説明することがあります。掻くのをやめなければいつまでたってもかゆみは続き、感染を起こすかもしれません。

こうした症状への対処法は、思考の舵取りができるように自分の現状を意識し、行き詰まりを解消して前へ進むことです。問題を語り尽くすことが悪いわけではありません。大半のケースでは、不可欠とは言えないまでも、役に立ちます。しかし記憶をコントロールする力を手放したまま、距離を置くことを学ばずにトラウマの体験をくり返すだけのプロセスは、役に立つとは言えません。

トラウマについてくり返し話すのは、利点よりも弊害のほうが大きいというウォルター・ミシェルの意見に、私も同意します。ただ、現実に対して目と耳を閉ざしていても、やはりトラウマを乗り越えることはできません。そんなに単純な問題ではないのです。

トラウマについてもっと知りたい人には、ベッセル・ヴァン・デア・コークの『身体はトラウマを記録する――脳・心・体のつながりと回復のための手法』（柴田裕之訳、紀伊國屋書店）を強くお勧めします。この本は、トラウマがいかに体に影響を与えるかを解説し、トラウマに関するセラピーの歴史をたどり、実際によく用いられる治療について（薬、対話、ボディーセラピーなどを含めて）詳述したものです。多くの実例や事例研究が盛り込まれた非常に読みやすい本です。心的外傷を負ったことがあり、いまもその影響を受けているなら、さまざまな治療の存在と、それぞれの治療のメリットやデメリットを知ることが役に立ちます。どの選択肢をとるべきか、主体的に考えられるようになるからです。

もしあなたが、先ほどのメールの男性のように無感覚な状態に陥り、生きている意味を見いだせなくなっているとしても、その状態が一生続くわけではないということは知っておいてほしいのです。過去に受けたサポートが役に立たなかったからといって、この先も見込みがないわけではありません。それは単に、以前の支援があなたに合っていなかっただけです。どんなに絶望的で暗い感情も、必ず過ぎ去ります。ときには、あなたが何もしなくても。

最近、自殺する寸前で思いとどまったという男性と、メールのやりとりをしました。妻が離婚を考えているけれど、自分はずっと気落ちした状態だったから、妻が離れていくのも仕方がない、と思ったそうです。彼は私宛てのメールを、命を絶ったあとで届くように送信設定しました。私はそのメールを受けとったとき、「どうか〈サマリタンズ〉に電話をかけてください」とだけ書いて返信しました。ありがたいことに、彼は送信時刻の設定を間違えていて、私の返信は間に合ったのです。私から返信が届いたという事実が彼の気分を変え、その後、窓の掛け金が壊れていることに気がついて、その日の午後は窓の掛け金の修理をして過ごしたそうです。そして私に返事をくれたときにはもう、自殺したい気持ちは消えていたのです。彼が鬱状態であることに変わりはありませんでしたが、1通のシンプルなメールによって、その日の午後、壊れた窓の掛け金を修理することに目的や意味を見いだせる程度には持ち直し、それまでの暗い道から逸れることができたのです。

私はまた返事を書き、私のためだと思って医師の診察を予約し、いまの気持ちと自殺未遂について医師に話をしてほしいと伝えました。また、医師がなんと言っていたか教えてください、とも書きました。うれしいことに、しばらくして彼から返信がありました。かかりつけ医のところで可能なかぎり早い予約を取り、国民保健サービスの地元事務局の緊急連絡先と、〈ヘルシー・マインズ〉という支援団体の話を聞いてきたそうです。

これは、危険な一瞬がどのように過ぎ去るかを示す実例です。この男性は完全に危機を脱したわけではありませんが、想定していたよりも早くメールが送信され、たまたま私がすぐに返信したために（私にしては非常に珍しいことです）、いまでも生きています。ここまで読んできておわかりでしょうが、私は特別なことは何もしていません。自殺防止の活動をしている慈善団体の〈サマリタンズ〉に電話をかけるようにとは伝えましたが、結局、彼は電話をかけませんでした。つまり、アドバイスの内容は問題ではないのです。違いを生んだのは、メールのやりとりのような小さなつながりでした。そのメールに私が何を書いたかはたいした問題ではなく、重要なのは、どんな瞬間も過ぎ去るということです。もしあなたがいま、ひどく暗い、陰鬱な瞬間を過ごしているなら、電話相談に助けを求めてください。暗黒の瞬間は必ず過ぎ去ります。

人生に満足できるようになるには

人生において何かを決断するとき、私たちにはおもに2つの基準があります。1つはそれが自分の内側でどう感じられるか。もう1つは、これとは対照的に、自分で自分を外側から見たとき、または他人が外側から見たときに、どう見えるかです。私は前者を「内的基準」、後者を「外的基準」と呼んでいます。ときにはこの2つが対立することもあります。決断の結果に満足するには、外見だけを問題にする外的基準よりも、自分がどう感じるかを問題にする内的基準を満たす必要があります——たとえ外的基準のほうに価値があるように見えたとしても。次のメールは、ある教師から届いたものです。彼女は2つの基準のあいだの妥協点を見つけようと苦労しています。

なぜ私たちは、人を職業で判断しようとするのでしょうか。そのせいで人生が窮屈なものになっているような気がしてなりません。誰かと出会って世間話をしていると、必ず「で、あなたのお仕事は?」という話になります。ちなみに、いまはその質問に答えてもかまわないと思っているので書きますが、私は教師です。

この仕事には満足していますが、精神的な負荷も少なくありません。教科指導に加え、最近では生徒の生活面にも目配りをしなければならず、自分の家族に対する責任と仕事に対する責任の両方を果たすために、まるでジャグリングをしているような状態です。教師をやめて、もう少し時間に余裕のある暮らしができる別の仕事を探そうかと、しょっちゅう考えています。けれども20年のあいだ、教師であることが自分の本質だと思ってきたのです。プロとしての仕事を持たない自分に適応できるものでしょうか。自分のことを説明するのに、「スーパーで棚の商品を補充しています」とか「犬のシッターをしています」などと言っているところは想像もできません。父に相談したら、「やめてしまったら、きっとがっかりだろうな。娘が教師だと人に言えるのはうれしいんだよ」と言われました。

私自身、大きくなったら何がしたいかと娘たちにたずねたときに、何かプロとしての仕事を言われたときのほうが、賛成するような態度を取ってしまっていたかもしれません。でもいまは、幸せでいてくれればそれで充分だと思っています。なんの肩書きもないただの自分でいる勇気は、どうしたら持てるのでしょうか。そしてそれを、どうやって娘たちに教えたらいいのでしょう。

私たちの多くが、正しいことをしているように見られたいという理由で、あるいは、現在の満足のためというより職務経歴書の見栄えをよくするために、懸命に働いています。もしあなたが仕事を選ぶ立場にあるなら、その仕事をしているときの自分を好きになれるかどうかは、その仕事のイメージが好きかどうかよりもはるかに重要です。仕事における満足感は、自分や他人にとって立派な仕事に見えるからという理由だけでなく、働いているときの感触からも生じるのです。

先ほどのメールの教師に共感するところがあるなら、もっと内的基準を重視し（つまり自分がそれをどう感じるかを考え）、外的基準（他人からどう見えるか）の優先度を下げることをお勧めします。なにも、外的基準を満たすことが悪いと言っているわけではありません。どちらを重視するにしても、やはり「過ぎたるは及ばざるがごとし」なのです。もし、他人にどう思われるかをまったく気にかけず、自分の満足だけを追求すれば、社会に適応できなくなります。しかしたいていは、見た目よりも自分の感触に重きを置いて決めたほうがいいのです。そんなの常識、と思われるかもしれませんが、あえて書いておきます。きちんと言葉にしておいたほうが、実行するのも容易になるからです。

私たちがそれぞれに持つ社会的地位は、実はそれほど広く知られているわけではありません。たとえば、あなたが地方裁判所の裁判官であれ、高等裁判所の裁判官であれ、控訴裁判所の裁判官であれ、法曹界の外にいる人にとってはほとんど違いがありません。大半の人の耳に入るのは「裁判官」という言葉だけです。ある肩書きを持っているからといって、その人を見下したり優遇したりする人はあまりいませんし、求職中だからといって、人としての価値が下がるわけでもありません。肩書きは、その業界の外の人にとってはそれほど重要ではないのです。

これと似た問題が、人間関係でも見られます。体裁が保たれていればそれでいいからと、不幸な状況に甘んじてしまうのです。ある若い女性からもらったメールを思いだします。彼女は恋人と別れたことで落ち込んでいるのですが、同時に、自分たちの関係はどこかよそよそしく、批判ばかりで、体の相性も最悪だった、と説明していました。ただ、家族からは常に「あなたたち、幸せそうね」と言われていたそうで、もしかしたらそれで充分なのではないか、と言うのです。私は充分ではないと思います。

概して女性は、夫と子どものいる家庭にこそ満足があり、本当の幸せは他の場所では見つからないと言い聞かされています。これが幸せというものだと、大半の人が無意識のうちに思い込んでいるのです。少女時代に誰かから聞かされた「いつか王子さまが現れて、魔法のお城に連れていってくれる」という夢を内面化してしまった女性を責めるつもりはありません。しかしその夢は外から取り込んだだけのものです。知らず知らずのうちに社会や他人の価値観を借用し、それを自分自身のものと思い込んでいるのです。

こうした状況から抜けだして人生に満足を見いだすには、暗黙のうちに（またははっきりと言葉で）教え込まれてきた幸福観をすべて見直す必要があります。そして自分に当てはまると思えるものだけを手にすればいいのです。このプロセスは私たちの好奇心を満たすことのできる、先の見えない刺激的な旅のようなものです。びっくりするようなものが見つかるかもしれません。ここで私が思いだすのは、医師になろうとしている人からもらった次のメールです。

私は医学の勉強をするのが好きです。人々を助け、その人生に触れ、変化を起こしたいのです。医師になれば、社会で役立つ人間になれるチャンスがたくさん与えられるだろうと考えています。医学が私の人生の最重要事項であるのは、将来、自分の仕事になるはずだからです。人々の人生に大きな影響を与えられるのはすごいことです。けれども、最近では医学とのあいだにだんだん距離を感じるようになってきました。理由はよくわかりません。自分ではとても大事だと思っているのですが。

すべてを簡単にしくじってしまいそうな気がします。秋には臨床のローテーションが始まるので、夏のあいだに病態生理学を学びたいと思っていました。英語、ドイツ語、フランス語、幾何学、生物学など、これまでもあらゆることを学んできました。どの教科でも探求の旅は楽しいものです。しかし、いざ医学の勉強をしようとすると、机の前に座っていられません。やりたい気持ちはあるのですが……どうしても手につかないのです。すべてを知ることなど無理です。いつまでたっても何か大切な情報が抜けているように感じてしまいます。

すべてがあまりにも重要に思えてしまい、深刻になりすぎたり、まるで生死に関わるかのように感じられたりして、楽しむことができないのです。医学をそこまで重要ではないものとして、深刻さも、リスクも、重みも、もっと軽やかに受けとめられる方法はあるでしょうか。もっとおもしろくて、快適で、楽しいものと思える方法が。

ほとんどの人が、心の中に「自制力」と「内なる反逆者」を抱えています。「自制力」は言葉を使いますが、「内なる反逆者」は行動に出ます。多くの場合、「自制力」が望むものは私たちにとってなじみがありますし、また、「内なる反逆者」が望まないものもわかっています。「自分にとってよい」とわかっていても、つまらない、退屈だと感じるようなものを反逆者は望みません。では、反逆者の望むものはなんでしょうか。私たちは「内なる反逆者」をよく理解する必要があります。さもないと、反逆者はやりたくないことから逃れるためにあらゆる口実を考えだします。

さまざまな実験の結果から、概して年配の人のほうが若い人よりも人生に満足していることがわかっています。人生の終わりが近づくにつれ、若いときほど将来のことを考えなくなります。年配者はいまを生き、1日1日を精一杯楽しもうとします。残された時間が限られていると知っているからです。すでに起こったことや、まだ起こっていないことに気を取られることなく、いまを生きるというのは、実はすべての人が学ぶべき姿勢です。昔、心理療法士のトレーニングでよく使われていたフレーズに、「一方の足を過去に、もう一方の足を未来に置いていると、いまがおろそかになる」というものがありました。

もちろん、ある1つの方法がすべての人に合うわけではありません。先の計画を1つも立てなかったら、きちんとした生活は送れません。食料品の買物すらままならず、冷蔵庫も空っぽのままです。学生のときに「自制力」を駆使して無理にでも宿題をするのはいいことです。そのおかげで先々まっとうな生活が送れるようになるのですから。ただ、常に先のことを心配し、必ず計画を立てなければ気が済まないような習慣からは脱しておくことも重要です。今日この日を楽しむことが、満ち足りた状態に至るための1つの道だからです。年を取って、体も以前より弱くなると、喜びや満足をもたらしてくれるものがわかるようになります。たいていの場合、それは人間関係です。家族や友人との関係、隣人や近所の店主との関係はもちろん、古い本、絵画、所持品、思想などとの関わりが大切になることもあります。「内なる反逆者」は、おそらくちょっとした楽しみを欲しているのです。ロマンチックな興味を少しばかり満たしたり、何かしらの娯楽を満喫したりしたいのです。「内なる反逆者」が求めているものを見つけ、取引をしてください。そうしないと、体が反逆します。仕事の予定を気にするのと同じくらい、遊びの予定も気にかけてください。有名なバイオリニストのユーディ・メニューインもこう言っています。「本当にやりたいと思うことや大好きなことは、毎日やるといい。鳥が飛ぶのと同じくらい容易で自然なことのはずだから。鳥が〝今日は疲れたから飛ぶのはやめるよ〟などと言うのは想像もつかない」

医師、教師、恋人、父親、あるいは他のなんであれ、私たちはただそういう役割を果たすだけの存在ではありません。課された役割のせいで、あるいはその役割についてまわる意味のせいで、個人としてのあなたが消えてしまってはいけません。周囲の人も、ただ役割を果たすだけの人を求めているわけではなく、関係を築く相手となる本物の人間を必要としているはずです。自分の望みが内的基準から生じたものなのか、外的基準から生じたものなのか、興味を持って観察してください。あなたの「自制力」の部分が何を、なぜ求めているのか掘りさげると同時に、「内なる反逆者」の部分が何を欲しているかも探りましょう。

頭と心のうち、どちらか一方を選ぶ必要はありません。両方とも大事です。頭は心の声を聞き、それを考慮に入れて決断をしたり、しなかったりします。本当の望みを発見するには、頭と心、両方の声を聞かなければなりません。きっと見つけるべきものがあり、生きるべきいまがあり、自分の経験についてどう感じているかを改めて問い直し、その感情を案内役として生きられるようになるでしょう。幸せになるために何をするべきか、と考えるだけではだめなのです。

人生に満足を見いだすには、頭と心のあいだの妥協点を探ることです。もし見かけがいいだけのキャリアや状況に縛られているなら、第3章に戻って思いだしてください——方向を変えるのに、遅すぎることはありません。

知っておこう

外的基準よりも内的基準を重視する習慣を身につけましょう。何かをやりたいと思うなら（それが好きで、楽しいと思えるなら）、それだけであなたの時間を注ぐ理由としては充分です。

人は意味を求める

ヴィクトール・フランクルは、1946年刊行の著書『夜と霧』（新版＝池田香代子訳、みすず書房）の中で、ある男性のことを書いています。その男性はフランクルに会いに来て、「妻が亡くなったので、もう生きていることに耐えられない」と話したそうです。フランクルは、「もしあなたが先に亡くなって、彼女のほうが生き延びていたらどうなったと思いますか」とたずねました。男性は、「妻にとってはつらいことで、ひどく苦しんだでしょう」と答えました。するとフランクルは、「あなたが苦しんでいるおかげで、彼女はその苦痛を味わわずに済んだ。しかしそれにはあなたが長生きをして、彼女の死を悼むという代償が必要だったのです」と指摘しました。意味が見いだされた瞬間に、苦しみは苦しみでなくなります。フランクルにはこの男性の妻を生き返らせることはできませんでしたが、彼が苦しみと向きあうときの姿勢を変化させることができたのです。

また、フランクルはニーチェの言葉を引用しています。「生きる理由を持つ者は、どのように生きることにも耐えられる」。実存主義の哲学者たちは、人生は無意味であり、その事実と折り合いをつけるのが、私たちのすべきことだと述べています。私たちは無意味な状態を解消するために、意味をつくりだそうとします。絶滅の恐怖や欠乏の侘《わび》しさをやわらげるために、死から意味を生みだすのです。宗教なら、生まれ変わりや、永遠の命や、ハープを奏でるときに座るふわふわの雲などを描いてみせるかもしれません。

死への恐怖をひたすら否定しようとする人もいるでしょう。「死ぬのは怖くないよ」「本当に？」「もちろんだよ。死ぬときは死ぬ、それだけのことだ」「本当に？」「もちろん、もし家族がみんな先に死んで、自分が最後の生き残りだったら、孤独になるのは怖い。だけど死ぬのはまったく怖くない」。そういう人には、「それならどうして車のブレーキが故障したり、ジェットコースターに乗ったりしているときに、悲鳴をあげるの？」と訊いてみてもいいかもしれません。私たちが悲鳴をあげるのは、本能的に死を怖れているからです。どんな正論で自分を納得させようと、どれほど死の存在を否定しようと、それは変わりません。

私たちにできるのは、死に意味を見いだすことだけです。哲学や宗教から既存の意味を探しだしてもいいですし、自分で新たにつくりだしてもかまいません。私が思い描く自分の死のイメージは、大切な人々の中に私の小さなかけらが生きつづける、というものです。彼らが心の片隅で私の愛を持ちつづけてくれることを願っているのです。こうしたことはすべて、意味をつくりだそうとする行為です。いま述べたのは私がふだんから感じていることですが、自分を納得させるために、何もないところからつくりだしたイメージにすぎません。言葉にするとひどく恥ずかしいし、弱くかぼそい命綱のようなもので、ありそうもない陳腐なだけの話に聞こえるでしょう。しかし、証明不可能な物事を心から信じている人がみなそうであるように、このイメージは私も理屈抜きで守りたいと思ってしまうのです。

次のメールは、ケイトという、死を迎えつつある女性から届いたものです。これを見ると、彼女にとって何が大切かがよくわかります。

あなたの助けが必要です。具体的に言うと、女性心理療法士の助けが必要なのです。私にはものすごく頼りになる心理療法士がいて、43歳のときにこの憎たらしいがんになって以来3年間、彼のアドバイスを受けてきました。けれども、私がやりたいのはたぶんかなり女性的なことで、これを口にしたとき彼にこう言われたのです。「女性はそういうことをしたがりますよね」

かいつまんで説明すると、私は素敵な男性と幸せな結婚生活を送ってきました。自分の子どもはいませんが、24歳の連れ子の最高の母親です。仕事でものすごく多忙だったときに、怖ろしいがんの診断を受けました。たくさん化学療法を受けたし、たくさん涙を流したし、厳しい予後診断も聞きました。それでもいろいろなことをこなし、いまは素敵なロンドン旅行で泊まっているホテルからこのメールを書いています。死については心穏やかに受けいれています。言うまでもなく、ちょっと早すぎるのが残念ですが。死ぬより苦しいのは、残された時間を生きることのほうです。

私には、もうすぐ過去のものになる自分の人生を、あの世から管理したいという願望があります。葬儀で流す音楽のことをよく空想します。結婚式のときと同じように、みんなに気分よく過ごしてもらいたいのです。なんだか、自分の家から無理やり追いだされるような気分です。次に何が起こるかもわからないまま、中途半端に玄関のドアを開けっぱなしにしたままで。そうなると、まず、飼い猫が逃げだすでしょう。夫は決してドアを閉めたりしないでしょうから。

感受性の強い夫が、死にゆく私を見守るところなど、つらすぎて見ていられません。それに、私はまだこのパーティーから出ていきたくないのです。私たちは素晴らしい時間を過ごしているのですから。夫は私が死んだあとも、なんとかして「そばにいてほしい」と思っているようです。それができたらどんなにいいか。たぶん、このメールで訊きたかったことの答えは、自分でももうわかっています。

40年分のバースデーカードを友人に託し、毎年1枚ずつ夫に送ってもらうべきでしょうか。役に立ちそうな本を箱に詰めて残しておくのはどうでしょう。あの世からのやさしい言葉や、叱咤《しった》激励のメモを残すのは？　彼の未来の再婚相手はこれをどう思うでしょうか。私が夫の取扱説明書を残しておけば大丈夫かもしれませんね。彼の扱いは難しいのです。

どうしたら、優雅に人生から退場できるのでしょうか。こんなふうに死後の人生を細かくあれこれ管理しようとする人を見たことがありますか。まったく、正気とも思えませんよね。

人生からの優雅な退場の仕方を教えてくれる、こんなにも思いのこもった文章を送ってくれたことに感謝しています。正気と思えない、などということはありません。素晴らしい発想です。この女性は自分の問いに自分で答えを出していますし、私も彼女の知恵を自分のために覚えておくつもりです。本や取扱説明書、メモ、あの世からのバースデーカードといったアイデアは、私もとても好きです。こうしたものは彼女の作品として、愛情の遺産として残っていくでしょう。

最期のときを迎え、自分の人生で一番大切なものは――人生に意味を与え、死にも意味を与えるものは――人との関係であり、夫への愛情、継子への愛情、飼い猫への愛情であるということが、彼女にははっきりわかったのです。こうして考えれば考えるほど、私にとっても身近な人間関係こそが最も大切であると思えてきます。死後のあれこれを細かく管理したいと望むなかで、ケイトは愛する人たちとのつながりを大切に思い、彼らに感謝を示しているのです。

私たちはケイトから何を学ぶことができるでしょうか。彼女の死は、夫にとって大変つらいものになるでしょうが、素敵な葬儀が少しは慰めになるかもしれませんし、「使い慣れたトイレットペーパーがある」こともやはり慰めになるでしょう（私の母が亡くなったあと、父は母が買っていたトイレットペーパーのブランドを知りたがりました。必要以上の変化に対処するのがいやだったのです。深い悲しみのなかにいるときには、些細なこともそれほど小さく感じられないものです)。「仕切り屋」になって、何かをコントロールしようと計画を立てるのは、必ずしも悪いことではありません。ケイトのメモや取扱説明書や本は、夫と義理の娘にとってその後の人生のガイドとして役立つだけでなく、思い出のよすがとなるでしょう。精神科医のドナルド・ウィニコットは、子どもに寄り添うことができるようにと親が与えるテディベアを「移行対象」と呼びました。これは親がそばにいられないときに、子どもにとって親の代役となるものです。

悲しいことに、ケイトはがんを乗り越えられませんでした。彼女が亡くなったあと、私は寡夫となった人に手紙を書きました。彼は、カードはまだ1つも受けとっていませんでしたが、彼女が遺した別のものを見つけていました。さまざまな物事への対処方法について書かれた本と、彼女が彼をどう思っていたかが書かれたメモです。こうしたあの世からの贈り物は、彼の「移行対象」なのです。彼はきっとそれをありがたく思い、大切にするでしょう。そしてそれを準備することが、ケイトにとっても移行の練習になっていたのだと思います。生きていたあいだ、自分は突然いなくなるわけではないし、いなくなったあとにも何か確かなものを残せるのだと思えたはずです。私たちはみな、残された時間をより過ごしやすくし、自分の死に意味を与えるために、できることはなんでもするべきなのです。

自分の存在に意味があると思えないと、人は絶望に負けてしまうこともあります。ケイトのメールとは対照的な次のメールを見てみましょう。

私は週に1回、心理療法士のところへ通っています。根強い絶望感が拭えず、それを恥ずかしく感じています。自分が惨めな役立たずに思えるのです。私は仕事が嫌いです。他人の都合にあわせなければならないのも、無意味なメールのやりとりも、要領を得ないミーティングに出るのも大嫌いです。9時から5時までの時間もいやなら、長い通勤時間もいやだし、休暇を取るためにお伺いを立てるのもうんざりです。寝て、働いて、寝て、働いて、毎日がそのくり返しです。

うちには庭がなく、騒々しい隣人がいます。食べるのに困ったり家を失ったりすることはなさそうですが、休暇旅行に出かけたり、外食をしたり、服や本を買ったりする余裕はありません。

家族や友人は素晴らしい人たちです。私を大事にしてくれるパートナーもいます。それでもどうしようもなく不幸せなのです。身近にいる人たちには、こんなことは口が裂けても言えません。聞き分けのない子どもみたいな気分です。身動きも取れずに、ただ泣いているだけ。どうしたらこの世界で幸せに生きていけるのか、本当にわかりません。

ときには避けられない不幸もあります。ただ、不幸せだからといって、それを恥ずかしく思うことで二重に打ちのめされる必要はないのです。多くの親は子どもが不幸せになることに耐えられないので、親にそんなつもりはなくても、子どものほうは自分が悲しい思いをしていると受けいれてもらえないのだと思い込んでしまいます。子どものころ、悲しい気持ちを真剣に受けとめてもらえなかったり、そのせいで恥ずかしい思いをさせられたりしていると、大人になってから悲しみを抱えたまま生きるすべを身につけるのもより難しくなります。

ネガティブな感情も歓迎されるべきだと、私は思います。人生をもっと有意義なものにする必要があるときに、それを知らせる警鐘の役割を果たしてくれるからです。若いときの自分にとって重要だったものの考え方も、年を取るにつれて更新していく必要があります。そういう更新に耐えられず、ある種の危機に陥るのもよくあることです。なかには、困難な感情を投薬によって鎮めるべきだと主張する人もいます。精神科で薬を用いることが必要な場面があることは私も承知していますが、それが最初の選択肢であるとは思いません。人生を最大限に楽しめるように、行動を起こすためのモチベーションが見つかるかどうか、心の声に耳を傾けることが重要なのです。

ヴィクトール・フランクルは、人生を生きる価値のあるものにするには、私たち一人ひとりが人生の唯一無二の意味を見つける必要があると考えていました。では、その意味をもたらすものは、どうやって見つけたらいいのでしょうか。メキシコのある若い男性から届いたメールを紹介しましょう。

ぼくはもうすぐ33歳になります。メキシコのとても小さな村で家を借り、一人暮らしをしています。独身で、子どももいません。自宅で仕事をしていますが、請求書の支払いと借金の返済がかろうじてできるだけの収入しかありません。仕事は簡単ですが、嫌いです。

ここ10年の人生は、生き延びるだけで精一杯でした。毒親の家と治安の悪い地元から離れることだけを考えてきました。健康を害し、毎日のように絶望を感じていました。いまは以前より静かな環境と、健康と、自分だけの時間を手に入れましたが、まだくつろいだ気分にはなれません。いつかそうなれるかどうかも怪しいところです。

これまでの人生では、たいしたことはやってきませんでした。旅行をしたこともないし、車も家も持っていません。大学に行くような余裕もありませんでした。友達もいないし、恋愛とも無縁です。本は読みますが、それほど熱心な読書家ではありません。音楽も聴きますが、詳しいことは何も知りません。職業訓練を受けたこともないし、得意なことなど何一つないのです。

昔のクラスメートたちは、ものすごく頭がいいわけではないけれど、シンプルな自分の生活に満足しているようです。なかには小さな事業をおこしたり、子どもがいたりするやつもいますが、野心があるようには見えません。最近、気づくと子どものころを思いだしています。2年間だけ祖母と暮らしたのですが、そのときが一番幸せでした。安全で、愛されていて、毎日が冒険でした。ぼくはもっと生きている実感がほしいのです。自分の人生にも意味があると思いたい。何も成し遂げないまま33歳になりたくありません。

この男性は子ども時代のほとんどを、強いストレスを受けながら過ごしたようです。ストレスの源がなくなって、落ち着かない気持ちや退屈さ、人生の無意味さを感じているのです。彼がいま経験しているのは、ごく自然な反応です。ゆったりとした気分で淹《い》れたコーヒーの香りを嗅《か》いでいるうちに、心の中に隙間が見えてくるのです。この隙間を、ここでは虚無感と呼んでおきましょう。多くの人にとって、これはパニックと似たものに感じられます。私たちは虚無感とともに訪れるかすかな居心地の悪さを感じなくて済むように、スマートフォンの画面をスクロールしたり、テレビをつけたり、ノートパソコンを開いて仕事を始めたりします。しかし、こうした虚無感は怖れるのではなく、ぜひ歓迎してほしいのです。虚無感を抱えたままじっと座っていれば、そういうときにこそアイデアがひらめいたり、読みたいものやつくりたいものを思いついたり、会いたい人の顔が浮かんだりするはずです。

空虚さをその場しのぎの喜びで埋めることなく、自分の中に抱えたままでいられれば、新しいことを考えたり、何かをつくりだしたり、人間関係を強化したりする役に立ちます。ガーデニングに喩えて説明してみます――虚無感に雑草を生やさず、そこから何が芽を出すか見守るといいのです。何かいままでにないものを育てられる、新たな土壌の一区画だと思ってください。もし植えてみたものが育たなくても、それはそれでかまいません。また別のものを植えましょう。自分が何者なのか、何を必要としているのか知ろうとするとき（これは一生続く仕事です）、私たちには実験することが許されています。

知っておこう

虚無感は、バスを降りて次のバスを待っているときの気分と似ています。しかも、次のバスは来るかどうかも、どこ行きのバスかもわからないのです。それでも慌てないでください。最後には、バスは必ずやってきます。

自分の存在の正当性を主張しようとして、世界中の問題を解決してまわる必要はありません。人はみな、存在しているだけで充分なのです。行動や達成した物事とは関係のないところで自分を評価するのは難しい、と思う人もいるでしょう。子どものころに行動や達成が重要だと教わってきた場合は、とくにそうです。私たちは追い越し車線を走ることに慣れすぎていて、静止や停滞を価値のないものと思ってしまうのです。

あるいは、アドレナリンが出ていないと生きている実感が持てない人もいます。こうしたアドレナリン依存の場合、自分の思いどおりに行動できないと気落ちしてしまうことが多いのですが、深呼吸をしたり、何かに触れたり、味わったり、においを嗅いだりといった日常的な物事にも価値を見いだせるようになれば、無理や無茶をしなくても生きていけるとわかるようになります。きっと、もっと多くの人がこの男性のクラスメートのようになれるはずです。小さな事業に満足し、自分が子どものころに受けた愛情を次の世代に伝えながら生きていくのです。たとえ自分が受けたケアが、おばあちゃんからの愛情だけだったとしても。

仕事と睡眠のあいだに、自分のものと呼べる時間が訪れます。その時間に何をしますか？ハンフリー・ジェニングス監督の1939年の映画『スペアタイム』の冒頭で、作家のローリー・リーはそう問いかけます。

今日《こんにち》の私たちの活動は実に多種多様です。私たちは、ベネチアングラスから道端で拾った買物リストまで、ありとあらゆるものを集めます。そしてまた、クロールから漢字のカリグラフィーまで、さまざまなものを習います。他にも、編み物をしたり、釣りをしたり、ハイキングをしたり、素人演劇をしたり。こうしたことは練習すれば上達します。何かが上手になったり、新しいことを学んだりするのはよいことです。体の調子が整い、頭もしっかり使うことで、まわりの世界とのつながりがより強くなります。しなくてもいいけれど好きだからやるという、こうした物事の一番大事な点は、そこに自分なりの目的と意味があることです。人生にこの2つがあると感じられるときには、気が滅入ることはそんなにありません。

1938年、ハーバード大学は学部生268人の健康状態を追跡する継続的な調査を始め（本書執筆時点でこのうち19人が存命です）、健康で満足のいく人生を送るために何が必要かを解明しようとしました。この研究では、すでに85年にわたって対象者を追跡しており、調査対象を最初の学生の子どもまで広げています。現在の対象者はおよそ1300人にのぼり、その大半が60代と70代です。心と体の健康に関する大量のデータが集まり、研究結果の1つとして、人間関係に満足している人のほうが著しく健康状態がよいことが判明しました。地域社会と関わりを持つのは、私たちが自分の人生に満足を見いだし、長生きをする助けになります。体のメンテナンスをすることは重要ですが、人間関係に気を配ることもまた、セルフケアに不可欠な要素なのです。

長い人生のあいだには、人間関係で失敗することは誰にでもあります。しかし大事なのは、自分のことをこうと決めつけたり、人間関係に見切りをつけたりせず、失敗に学び、もう一度挑戦してみることなのです。

私たちはメディアや広告会社から役に立たないものを売りつけられています。彼らは私たちを洗脳して、キャリアでの成功と金品を蓄えることだけが幸福への道だと思い込ませようとしているのです。私もときどき、うちに完璧なアイランド型キッチンがあったらいいのに……などと考えることがあります。けれども私たちの幸せを左右するのは、おしゃれでモダンなキッチンではありません。大事なのは、そのキッチンの中にいる人間です。家族や友人とのあいだによりよい関係を築くことのほうに、もっと気持ちを集中する必要があるのです。メキシコの男性には、自分に合ったコミュニティを見つけ、そこの一員になるといいですよ、と伝えました。

おわりに

ここで1つ白状しておきます。この本のタイトルは一種のトリックです。もちろん、実際に、あなたが大切に思うすべての人に読んでほしい本ではありません。人間関係は1人では成立せず、つながりを築いたり議論をしたりするには2人の人間が必要だからです。1人でいるだけではなかなか変わっていくことができませんから、大切な人から（あまり好きでない人からも）影響を受けられるように、心の準備が必要です。裏を返せば、私たち自身が変化して他者に影響を与え、より満足な人生を送るとき、大切な人たちも同様に満足を得る可能性が高いのです。人が自分自身とのあいだに築く関係は、他者との関係にも影響を及ぼします。

しかし、自分以外の人間を思いどおりにすることはできません。人に影響を与えることはできますし、そうやって相互に影響を与えあうことが成長には不可欠ですが、最終的には他者の選択や行動は他者の責任です。私たちが本当に力を及ぼすことができるのは自分だけです。だから、私がこの本を読んでほしいのは、本当はあなたなのです。

人生を取り巻く環境をすべてコントロールすることはできません。生まれる家庭は選べませんし、親しい人に見捨てられたり、死別したりすることもあるでしょう。突然地震が起こることもありえます。しかし自分自身との関係を築くときには、常に力を発揮できるのです。自分の体をどうケアするか、心の声にどう対処するかは、完全に自分次第です。他者に対してどうふるまうかには選択の余地がありますし、いまこの瞬間の出来事にどう反応するか、どう考え、どう対応するかは、自分で選べるのです。

本書では、人間関係の大切さと難しさについて書いてきました。１つのつまずきもない人間関係などありません。これは恋愛にかぎった話ではなく、どんな人間関係にも言えることです。本物の関係を築こうとすれば、相手とのあいだに必ず不一致が生じるからです。しかしどんなに困難を伴おうと、私たちには他者との関係が必要です。相手に鏡になってもらうこと、つまり相手が自分をどう受けとめたのか、反応を返してもらうことが必要なのです。これは私たちが自分を確立する助けになります。

もしかしたら、この本を読みはじめたときにはあまり好きでなかった人についても、その人なりの世界との向き合い方があるとわかったことで、印象が変わったのではないでしょうか。他者は苛立たしく不愉快に感じられることもありますが、人生へのアプローチの仕方が自分とは違うだけという場合もあります。他者との違いに対処する方法を身につけなければ、常に誰かとケンカをしているか、あるいは他人の言いなりになって自分を見失うだけです。変化は避けられないものです。だからそれについて書いた章をあなたが自分のものとして身につけ、実際に変化に対応するときに役立てられるよう願っています。人は常に幸せでいられるわけではありませんが、自分の感情をきちんと受けとめることができるなら、どんな人の人生にもいくらかの満足がもたらされるはずです。

最近では、自分の感情を簡単に仕分けできる「箱」を探すことが流行っています。「私の愛着《アタッチメント》スタイルは○○だから」とか、「私の内なる子ども《インナーチャイルド》には、○○っていう傷があって」とか。これが危ういのは、自分の感情を解きほぐしてみることをあらかじめ回避しようとしている点です。こうした流行語や短縮語がアイデンティティの一部になり、それ以上探求することをやめてしまうのです。これではよい変化は望めません。時間をかけて自分をきちんと理解しようとする前に、安易な定義に飛びついているだけです。

私たちはみな、自分自身を、他者を、そして世界を理解する道の半ばにいます。慌てて自分を特定の箱に詰めてしまわないほうがいいのです。ときには専門家の診断を受けることが役に立つかもしれませんが、それが自分の可能性を狭めてしまうこともあります。もうお気づきかもしれませんが、私は本書で相談者に診断を下すようなことはしていません。この本を読み終えるに当たり、あなたも自分自身に対して早計な診断を下さないようにしてください。

自覚を深め、人生によりうまく対処するために必要なのは、すべての時間を内省に注ぎこむことではありません。自分が何をどう感じるかについて、また、自分が他者にどういう影響を与えるかについて、自覚と責任を持つことが必要なのです。もちろん、いざというときには自分が第一です。しかし、自分を大切にすることが、他者の声に耳を傾けたり、他者の経験や視点を理解したりする妨げになるわけではありません。内省が被害妄想や他者をジャッジする態度を生み、孤立が深まるようであれば、それはあなたのためになりません。自分を顧みることがよりよい結びつきやコミュニケーション、より穏やかでより興味深い人生につながり、他者との距離も縮まるように感じられるなら、それはぜひ続けてください。自分を磨く努力をするのは大事です。わがままでも身勝手でもありません。自分を磨く努力こそが、他者とのあいだの障壁を取り除き、関係を深める助けとなるのですから。

私たちはみな、つくりかけの作品のようなものです。決して完成することはありません。だから異なる見解に触れ、それが自分にも当てはまるかどうか、いつでも確認できることが大事なのです。本書で取りあげた考え方の中には、あなたの役に立つものもあるでしょう。まるで自分のことのように思える話もあるかもしれません。それはあなたがずっと心の奥底でわかっていながら、言葉にしたことのないものだからです。あるいは自分にはまだ早い、またはまったく関係ないと思うようなものもあるでしょう。それでいいのです。

本書を読めば「人生が変わる」などと約束するつもりはありません。それは最初からはっきりさせておきたいと思っていました。この本が少しでもあなたの役に立つことを望んでいますが、それはあなたが新しい行動、新しいコミュニケーションの実践を習慣にすることができたときに初めてかなう望みです。この本を読むことが、自分の価値基準や人生への向きあい方を見直すきっかけとなり、残しておきたいもの（おそらくは、いまのあなた自身の大きな一部）を決めるときの助けになることを願っています。あなたが役に立ちそうだと思える新たな習慣を、いくつか提示できているといいのですが。私自身は、自分の限界を受けいれることに取り組んでいる最中です。どうかあなたにも私の限界を受けいれてもらえますように。

前著『子どもとの関係が変わる　自分の親に読んでほしかった本』の「おわりに」を書いていたときには、世界中の人々にぜひとも伝えたい、強いメッセージがありました。いま私が伝えたいメッセージは、自分の間違いも他人の間違いも許せるようになってください、という1点だけです。本書で触れていない悩みもあるかと思います。コラムになるか、次の本になるかはわかりませんが、またお便りを拝見してさらに質問にお答えできるよう、最善を尽くします。

謝辞

感謝を伝えたい相手はたくさんいます。まず、〈コーナーストーン・プレス〉の編集者、アナ・アルジェニオとヴェネティア・バターフィールドにお礼を言わなければなりません。この2人がいなければ、本書が生まれることはなかったでしょう。2人の寛大さとやさしさが大好きです。彼女たちは常に自分の考えを率直に話してくれて、私が自分を信じられないときにも、聖人並みの忍耐力で私を信じてくれました。それから、エージェントの3人にも感謝を。大量の契約を取ってきてくれるカロリーナ・サットンと、そのすべてに目を通してくれるアリス・ラッチェンス、ステファニー・スウェイツに。

いつも寛大な最初の読者になってくれる愛する娘と、もう1人の最初の読者、ジュリアン・アペル・オパーにも感謝しています。ジュリアンは心理療法士仲間で、彼女が共有してくれたいくつかのアイデアがこの本の中にも生きています。ジェイムズ・アルブレヒトと、アレックス・フェイン、ロックスター並みのツアーを企画してくれてありがとう。それから、ジェイン・ショー教授と、聖職者でもあるドクター・クレア・マクドナルドへ。〈傲慢の罪〉の講演に私を招待するようにと、オックスフォード大学副総長を説得してくれてありがとう。講演にまつわる話の一部は本文中でも紹介しています。本書のタイトルを提案してくれた、よき友人のナタリー・ヘインズにも心からの感謝を。それから、以下の人々にも愛と感謝を捧げます――ヨランダ・バスケス、ジョニー・フィリップス、エイリー・ブルッカー、リチャード・アンセット、ジャネット・リー、スザンヌ・ムーア、ローナ・グラッデン、リチャード・コールズ、ヘレン・バグナル、そしてすべての友人たち。あなたたちの愛と励ましは、私にとって本当にかけがえのないものです。

オブザーバー紙の仕事仲間で、毎週、私の原稿を見事に編集してくれるハリエット・グリーン、スティーヴ・チェンバリン、マーティン・ラヴへ。それから、自分の弱みを見せることを厭《いと》わず、私に相談を書き送ってくれたすべての素敵な方々へ。みなさんからのお便りは、人生をどう乗り切るかを考える際に、多大な助けになってくれました。

最後に、愛する夫のグレイソンにも感謝を。愛とサポートをいつもありがとう。

フィリッパ・ペリー

著者紹介 フィリッパ・ペリー (Philippa Perry)

英国の心理療法士。テレビ番組やラジオ番組の司会をこなし、BBCラジオやチャンネル4でドキュメンタリー番組を手がけるほか、オブザーバー紙、レッド誌の人生相談コーナーの回答者も務める。著書に世界46カ国200万部のベストセラーとなった『子どもとの関係が変わる 自分の親に読んでほしかった本』(日本経済新聞出版)、『まんが サイコセラピーのお話』(福村出版)、*How to Stay Sane* がある。夫でアーティストのグレイソン・ペリーとロンドンに暮らし、2人の間には成人した娘フローがいる。

訳者紹介 高山真由美 (たかやま・まゆみ)

翻訳家。主な訳書に『子どもとの関係が変わる 自分の親に読んでほしかった本』(フィリッパ・ペリー著、日本経済新聞出版)、『成功する子 失敗する子』『私たちは子どもに何ができるのか』(ともにポール・タフ著、英治出版)、『デュアルキャリア・カップル』(ジェニファー・ペトリリエリ著、英治出版)など。

身近な人間関係が変わる
大切な人に読んでほしい本

2025年2月21日 1版1刷
2025年3月17日 2刷

著者 フィリッパ・ペリー
訳者 高山真由美

発行者 中川ヒロミ
発行 株式会社日経BP
日本経済新聞出版
発売 株式会社日経BPマーケティング
〒105-8308 東京都港区虎ノ門4-3-12

ブックデザイン 小口翔平+村上佑佳+青山風音(tobufune)
本文 DTP マーリンクレイン
印刷・製本 三松堂印刷

ISBN 978-4-296-12041-3

本書籍に関するお問い合わせ、ご連絡は下記にて承ります。
https://nkbp.jp/booksQA
Printed in Japan